TO126801

CLASSIQUES JAUNES

Économies

5

Taux d'intérêt négatifs

Jacques Ninet

Taux d'intérêt négatifs

Le trou noir du capitalisme financier

PARIS
CLASSIQUES GARNIER
2020

Jacques Ninet est consultant auprès de sociétés d'Asset Management. Il a exercé pendant trente ans des fonctions de direction dans différentes sociétés financières. Parallèlement, il a mené une carrière d'enseignant-chercheur associé en finance, principalement à l'université de Poitiers. Il a participé à plusieurs ouvrages collectifs sur la finance responsable et sur les risques extrêmes.

© 2020. Classiques Garnier, Paris.
Reproduction et traduction, même partielles, interdites.
Tous droits réservés pour tous les pays.

ISBN 978-2-406-09960-4
ISSN 2417-6400

*À Rudy G..., complice d'un renouveau
qui m'a donné l'énergie d'écrire ce livre.*

On ne résout pas un problème avec
les modes de pensée qui l'ont engendré.
Albert EINSTEIN

Je suis d'avis de m'en tenir, toute
ma vie, à la [finance]. Je trouve que c'est
le métier le meilleur de tous ; car, soit
qu'on fasse bien ou soit qu'on fasse mal,
on est toujours payé de même sorte : la
méchante besogne ne retombe jamais
sur notre dos ; et nous taillons, comme il
nous plaît, sur l'étoffe où nous travaillons.
Un cordonnier, en faisant des souliers, ne
saurait gâter un morceau de cuir qu'il n'en
paye les pots cassés ; mais ici l'on peut
gâter un [capital] sans qu'il en coûte rien.
Les bévues ne sont point pour nous ; et
c'est toujours la faute de celui qui [perd].
D'après MOLIÈRE, *Le médecin malgré lui*,
1666.

*If the American people ever allow private
banks to control the issue of their currency, first
by inflation, then by deflation, the banks and
corporations that will grow up around (these
banks) will deprive the people of all property
until their children wake up homeless on the
continent their fathers conquered*[1].
Attribué à Thomas JEFFERSON, 1802.

*La crisi consiste appunto nel fatto che il
vecchio muore e il nuovo non può nascere :
in questo interregno si verificano i fenomeni
morbosi più svariati*[2].
Antonio GRAMSCI, 1929-1935.

---

1   Si le peuple américain permet jamais aux banques privées de contrôler l'émission de leur
    monnaie, d'abord par l'inflation, puis par la déflation, les banques et les sociétés qui
    grandiront autour de ces banques priveront les gens de tous leurs biens jusqu'à ce que
    leurs enfants se réveillent sans abri sur le continent que leurs pères ont conquis.
2   La crise consiste justement dans le fait que le vieux monde est en train de mourir et que le
    nouveau tarde à apparaître. Pendant cet interrègne on observe les phénomènes morbides
    les plus variés. (alt : *E in questo chiaroscuro nascono i mostri*. "Dans ce clair-obscur naissent
    des monstres).

AVERTISSEMENT

Depuis le début des années 1990, j'ai de manière quasi continue livré par écrit des commentaires sur l'évolution des marchés financiers et ses racines macro-économiques. Initialement à orientation très professionnelle (au sein de sociétés d'Asset management telles que Fimagest —« En direct des marchés »), ces commentaires ont peu à peu pris une tournure plus fondamentale en bénéficiant de mon immersion dans la recherche académique. La distanciation croissante avec les contraintes commerciales des « lettres de marché » diffusées par les professionnels de la finance à destination de leur clientèle, au profit de l'élaboration d'une vision personnelle non conformiste, s'est déroulée en trois temps. D'abord dans le cadre du bureau d'étude Technical Future, en partenariat avec Gonzague del Sarte (Commentaires du jour, 1998-2002), puis pour le compte de Sarasin France (Fil Conducteur mensuel : 2004 à 2009) et enfin en tant que directeur de la recherche puis conseiller de La Française (Flashes et Cahiers de la recherche : 2009-2017). Je dois souligner que j'ai bénéficié pendant toutes ces années, de la part des entreprises financières qui m'employaient, d'une totale liberté de pensée et de plume.

Il m'a paru naturel dans un premier temps d'essayer de rassembler l'essentiel de ces écrits, comme un témoignage au fil du temps de l'analyse sans complaisance des évènements économiques et financiers et des alertes qu'elles inspiraient. Une première compilation des textes publiés entre 1998 et 2002 a ainsi été réalisée. Intitulée « Carnets de déroute », en référence au krach de la nouvelle économie, elle a été présentée sans succès à quelques éditeurs, probablement peu convaincus de l'utilité d'une approche à la fois historique et critique de ce qui paraissait alors encore comme un simple accident de parcours. « Rien n'est joué », telle était pourtant la conclusion de ce manuscrit, au plus bas de la crise des « technos », le 14 octobre 2002. Elle exprimait la conviction que cette crise et le rebond à venir n'étaient que les épisodes d'un vaste mouvement en cours. Il y aurait donc une suite à ce manuscrit, avec la détermination de tirer parti de cet échec littéraire pour en réussir, cette fois, la diffusion.

C'est donc cette suite qui voit le jour ici. Les évènements financiers qu'elle relate, d'une gravité égale à celle des années 1929-1932, offrent avec l'entrée des taux d'intérêt en territoire négatif, l'opportunité d'une critique radicale du modèle d'accumulation financière qui gouverne le monde depuis le début des années 1980. Phénomène strictement impensable il y a encore cinq ans et présenté dans le monde académique jusqu'à une période très récente comme irréalisable, l'abaissement des taux de rendement sous le zéro prend depuis 2012 la forme d'une avancée irrésistible, à la manière d'une glaciation. Seule réponse à la répétition des crises de marché et à la montée inexorable de l'endettement, cette évolution consacre l'aberration du capitalisme financier, par la négativité de la rémunération de l'épargne et donc du temps. Et ce n'est pas le moindre paradoxe que la disparition de la récompense du temps coïncide en ce début de XXIᵉ siècle avec la montée de l'incertitude radicale quant à l'avenir de l'humanité.

Je ne pouvais que saisir cette occasion d'opérer la synthèse des dizaines de textes écrits entre 2004 et 2016, pour montrer que, comme j'en ai l'intuition depuis longtemps, c'est l'hystérie financière elle-même qui *in fine* provoque son effondrement. Cette prophétie a été parfois très dure à tenir, car elle est de celles qui ne peuvent s'accomplir que sur un temps très long, un temps pouvant comporter des périodes où tout semble s'arranger. En l'espèce, la réactivité de la finance, sa plasticité, sa résilience ont permis à ses thuriféraires de continuer à croire en ses vertus et aux économistes *mainstream* de persévérer dans leurs erreurs fondamentales.

Les économistes *mainstream* sont ceux qui croient à la rationalité universelle de *l'homo œconomicus*, à « la main invisible » du marché – la maximisation du profit de chacun conduit à l'optimisation du bien-être général – et à ses capacités auto-régulatrices, à l'immuabilité du cycle et à la théorie du ruissellement (l'enrichissement des plus riches ruisselle vers les plus démunis). Symétriquement, ils ne croient pas au caractère systémique des crises, qui s'expliquent uniquement selon eux par des inconduites (les subprimes) ou des erreurs (la politique monétaire américaine en 1929, celle du Japon au début des années 1990) pas plus qu'à l'instabilité financière. Mais aujourd'hui, c'est bien l'instabilité financière chronique qui a conduit l'économie mondiale dans une impasse, un véritable trou noir, dont les taux négatifs sont le révélateur incontestable.

J'ai exercé une activité d'enseignement et de recherche pendant trente ans par passion, en complément d'une vie professionnelle qui m'a en général plutôt comblé. Il n'y a donc, dans les critiques parfois virulentes que j'adresse à la science économique et à son courant dominant, aucune sorte de revanche personnelle. Quant aux « économistes de marché », ils sont contraints par l'ambigüité de leur mission, qui est à la fois d'éclairer – les opérateurs – et de rassurer-les clients et prospects. Le « *track record* » de leurs pronostics est, pour la plupart d'entre eux et pour cette raison, d'une pauvreté sur laquelle il n'est pas nécessaire de s'attarder.

LE TROU NOIR

Le livre de Jacques Sapir (2005), « Les trous noirs de la science économique », fait partie de ceux qui m'ont permis de comprendre en quoi la théorie de l'équilibre général (TEG) était erronée. Le terme trou noir correspondait chez lui, me semble-t-il, à l'idée de lacune, en l'occurrence à l'incapacité d'introduire le temps et la monnaie dans cette théorie. Dans le présent ouvrage, je me réfère plutôt à la définition du trou noir en astrophysique. Un trou noir est un objet céleste si compact que l'intensité de son champ gravitationnel empêche toute forme de matière ou de rayonnement – comme la lumière – de s'en échapper. Le trou noir que j'évoque est le trou déflationniste, matérialisé par les taux d'intérêt négatifs, dans lequel l'économie occidentale a plongé et dont elle ne peut plus ressortir, ce qui met directement les Banques centrales en grand danger.

EFFET IATROGÈNE

Le terme iatrogène qualifie une prescription thérapeutique censée améliorer l'état général qui produit une détérioration de cet état. Ce terme médical paraît tout à fait approprié pour qualifier nombre d'innovations financières (comme les options complexes ou la titrisation) et plus encore les thérapies monétaristes appliquées aux économies occidentales depuis une vingtaine d'années.

STATISTIQUES ET GRAPHIQUES

Beaucoup de statistiques et de graphiques présentés dans ce livre traitent des États-Unis. Il n'y a aucun atlantisme caché derrière cela, seulement l'aubaine d'une grande disponibilité de données sur longues périodes. Celles-ci ne sont de plus altérées par aucun élément de rupture structurelle, à l'inverse de l'Europe où les rétropolations antérieures à l'euro sont biaisées par les dévaluations qui ont jalonné l'histoire des monnaies européennes. En second lieu les États-Unis sont à la fois le pays-phare du capitalisme financier et celui où les inégalités sont les plus manifestes, donc celui où la démonstration sera la plus convaincante et en tous cas totalement affranchie des polémiques spécifiques à propos d'un éventuel « mal français ». Sauf mention particulière les graphiques ont été composés sur Excel à partir des données sources mentionnées.

J'ai essayé autant que possible d'éviter d'employer le vocabulaire du « *globish* » financier mondial. Dans certains cas toutefois, l'absence de traduction aisée où le caractère vraiment commun du mot issu du jargon m'ont conduit à le conserver. Ces mots et leur définition/traduction figurent dans le glossaire à la fin de l'ouvrage.

Je remercie Jacques Léonard, Roland Pérez et Henri Zimnovitch, qui m'ont accueilli dans l'Université et permis de confronter mon expérience professionnelle avec le savoir académique (et réciproquement) ainsi que quelques chroniqueurs exemplaires par leur rigueur et leur indestructible indépendance, parfois au détriment de leur carrière, tel Stephen Roach, ancien chief economist de Morgan Stanley.

PRÉFACE

Nous sommes entrés dans un monde que les amateurs d'acronymes qualifient de *VICA (volatile, incertain, complexe et ambigu)*. Ces qualificatifs, initialement conçus par les analystes de l'armée américaine, il y a une trentaine d'années, pour caractériser la situation géo-stratégique de l'époque, paraissent encore plus pertinents actuellement. Cela vaut *a fortiori* pour la sphère économique qui prend une part croissante dans la vie des sociétés contemporaines, et, plus particulièrement de la finance qui, au lieu d'être une composante économique parmi d'autres, est devenue la référence de l'économie et, au-delà, de la société globale. On parle ainsi de « financiarisation de l'économie », voire de « financiarisation de la société », dépendance au carré qui a pu être qualifiée de « double encastrement[1] ».

Depuis une douzaine d'années – pour l'essentiel pour faire face à la crise financière mondiale de 2008 – les banques centrales du Japon, puis des USA et de l'UE, ont mis en œuvre des politiques financières « accommodantes » dites non conventionnelles, se traduisant par une baisse durable des taux directeurs et un rachat quasi sans limites des créances bancaires (*quantitative easing*).

La plupart des grandes firmes cotées ont largement bénéficié de ces politiques monétaires accommodantes leur assurant des financements (crédits bancaires ou obligations) quasiment sans restriction et à un coût très faible, diminuant leur coût moyen du capital et modifiant leurs structures de financement. Pour autant, les investissements productifs effectués ces dernières années par les grandes firmes concernées n'ont pas été exceptionnels, se situant dans la fourchette moyenne des années précédentes. De ce fait, maints entreprises et groupes disposent d'une trésorerie pléthorique en attente d'investissements. En revanche, on observe une montée significative des rachats d'actions de sociétés cotées par elles-mêmes, surtout

---

1   « La sphère financière a idéologiquement conquis le pouvoir de s'autoréférencer en encastrant l'économique qui avait lui-même encastré le sociétal » Fimbel E. ; Karyotis C. (2012), se référant à Polanyi K. (1944) et Granovetter M. (1985).

aux États-Unis où ce type d'opération est moins contrôlé qu'autrefois ; ce qui se traduit par un soutien des cours boursiers et une accentuation de l'effet de levier, voire à un double effet de levier lorsque ces rachats d'actions ont été financés par le recours à un endettement supplémentaire.

Les facilités de financement, s'ajoutant aux largesses fiscales dispensées notamment par l'actuelle administration américaine, ont permis d'excellents résultats nets, boostant d'autant les cours en bourse.

Ces différents éléments se conjuguent et peuvent aboutir à des profils de sociétés cotées, avec de bonnes performances comptables et boursières, et des bilans atypiques comprenant à la fois une trésorerie surabondante à l'actif et un endettement considérable au passif.

Cette situation, dont maintes firmes dans le monde se contenteraient, paraît préoccupante quant à sa signification profonde, sa qualité intrinsèque et sa pérennité. Les performances comptables et a fortiori boursières ne sont plus directement liées au modèle économique suivi mais aux opérations financières effectuées (recours à la dette, rachats d'actions…) ; rien n'assure que ces effets favorables se retrouveront à l'avenir sauf à en favoriser la reconduction via les politiques monétaires (pour le coût de la dette) ou via des interventions directes sur le marché du titre (pour les rachats d'actions).

L'œuvre de Jacques Ninet se situe dans le débat ouvert sur la signification de ces politiques monétaires accommodantes, sur leur portée réelle et leur pérennité. Le présent ouvrage, proposé par les Éditions Classiques Garnier en format de poche, reprend le texte de l'essai publié en 2017 par l'auteur en format standard chez le même éditeur (dans la collection « Bibliothèque de l'économiste »). Cet essai était lui-même fondé sur les observations, analyses et commentaires produits par Jacques Ninet, depuis de nombreuses années, pour les différents fonds d'investissements et autres organismes financiers dans lesquels l'intéressé a exercé des responsabilités. En effet, l'auteur de ce livre n'est pas un « académique » de profession, même si ses activités réitérées dans le « petit monde » de l'Alma Mater pourrait en remontrer à maints collègues universitaires[2]. Mais, c'est justement son expérience professionnelle éprouvée qui, à nos yeux, constitue une qualité majeure de son essai et nous incite à prendre au sérieux les analyses présentées et les interrogations exprimées.

Que nous dit en effet l'auteur dans son introduction ?

---

2   Le signataire de ces lignes peut personnellement en témoigner, ayant noué avec Jacques Ninet une coopération scientifique et personnelle de grande qualité.

Le trou noir que j'évoque est le trou déflationniste, matérialisé par les taux d'intérêt négatifs, dans lequel l'économie occidentale a plongé et dont elle ne peut plus ressortir, ce qui met directement les Banques centrales en grand danger. (p. 13)

Et comment conclut-il son essai ?

Last but not least, les projets de dérégulation affichés par Donald Trump pourraient parachever la reconquête par la sphère financière d'une liberté qui n'aura été finalement que fort peu bridée après la crise de 2008. Mais dans un monde qui paraît inexorablement plus dangereux, toute cette assurance reconquise pourrait s'avérer un redoutable trompe-l'œil et précipiter la rechute dans le trou noir. (p. 241)

C'était écrit en mars 2017. Aujourd'hui, au-delà de maints évènements ponctuels, l'essentiel de l'argumentaire développé par Jacques Ninet n'a pas pris une ride. Cela justifie la décision de l'éditeur d'en favoriser la diffusion pour cette nouvelle édition en livre de poche et cela incite les lecteurs à en prendre connaissance et à participer, tant comme acteurs éventuels que comme citoyens, à ce débat majeur pour nos économies et nos sociétés.

Roland PEREZ
Professeur émérite,
Université de Montpellier

INTRODUCTION

À l'heure où ce texte est rédigé, quatre parmi les plus grandes Banques centrales[1] pratiquent des taux négatifs sur les réserves des banques – et un taux nul pour leur fournir des liquidités – et 30 % des encours de dettes publiques des pays membres de l'OCDE procurent des rendements négatifs à leurs acheteurs sur le marché secondaire. Il est possible de s'endetter pour acheter un logement, en France, à un taux fixe inférieur à 1 %. Et, revers de la médaille, l'épargnant habitué depuis trente ans à la belle rémunération des placements sans risque se désespère des rendements faméliques des dépôts à terme et de l'assurance-vie.

Le fait est que du Moyen-âge tardif jusqu'à la fin des années 2000, la rémunération des capitaux financiers a toujours été positive ou au pire nulle[2]. Le code civil français pose par exemple qu'un prêt doit être remboursé au moins pour l'intégralité du principal. Le rendement d'un placement ne pouvait donc s'avérer négatif qu'ex-post, c'est-à-dire lorsque le calcul final intégrait une perte en capital résultant d'une dépréciation boursière ou d'un défaut de paiement.

Mais au début de la présente décennie, les choses ont brusquement changé. La limite quasi-métaphysique que les anglo-américains appellent le *zero-bound interest rate* a été transgressée, d'abord par le Japon et la Suisse, puis par le cœur de la zone euro et ses partenaires scandinaves. Dans le sillage des décisions prises par les Banques centrales, les rendements des fonds d'État des pays et zones concernées sont à leur tour passés – ex-ante cette fois, c'est-à-dire lors de l'achat <u>initial</u> – sous le zéro, d'abord pour les papiers d'échéances très courtes puis progressivement sur des durées de plus en plus longues, jusqu'au 10 ans japonais, et aussi à quelques émetteurs privés de premier plan (Nestlé).

---

1   Japon, Suisse, Zone euro, Suède.
2   Il y eu des monnaies fondantes (démurrage) en Europe entre les XIe et XIIIe siècles. Voir page 128.

Au même moment, l'endettement global continue de s'envoler, la croissance peine à repartir voire ralentit (monde émergent), du fait de la faiblesse de la demande finale. Malgré la faiblesse des taux d'intérêt, l'atonie des investissements entraine une décrue régulière des gains de productivité, bien que les entreprises affichent des taux de profitabilité record.

Pour quelles raisons les États du « Nord » se sont-ils tout à coup et quasiment tous ensemble retrouvés au bord de la banqueroute, obligeant les Banques centrales à mettre en œuvre des politiques de sauvetage monétaire d'une ampleur inimaginable ? Il ne s'agit certes pas d'un évènement nouveau : selon Reinhardt et Rogoff (2010), on dénombre pas moins de deux cent cinquante faillites d'États au cours des deux siècles d'économie industrielle. Mais elles concernaient le plus souvent des pays en voie de développement (PVD ou émergents) et/ou des périodes de guerre.

Pour quelles raisons l'endettement global (public, privé, d'agents financiers et non financiers) a-t-il continué de progresser, après la crise de 2008, pour atteindre des montants record ? Comment peut-on accroître la dette, alors que le rapport entre dettes et création de richesse réelle (PIB) atteint un niveau tel que les premières-ci ne pourront être remboursées qu'en créant *ex nihilo* de la monnaie à cet effet ?

Pour quelles raisons les économies occidentales voient-elles leur croissance ralentir, tendanciellement, depuis les années 1960, au point que l'on évoque maintenant le concept de « stagnation séculaire[3] » pour décrire ce phénomène particulièrement intrigant au regard des avancées technologiques de la troisième puis de la quatrième révolution « industrielle », celle de l'économie numérique, qui est en plein essor ?

Ces questions peuvent sembler bien lointaines pour l'homme de la rue, proclamé à son insu *homo economicus* par la théorie (néo)classique mais qui reste en fait peu enclin à se plonger dans les abstractions de l'économie et encore moins dans celles de la finance et de la monnaie. Et pourtant, qu'il s'inquiète pour son emploi, sa retraite, le taux de son emprunt hypothécaire ou le rendement de son contrat d'assurance-vie, le citoyen ordinaire est, à la différence de ses aînés, plongé continûment au cœur des problèmes qui nous occupent. Et la baisse des taux d'intérêt,

---

3   État durable de croissance atone en raison de l'absence de gains de productivité.

bien plus que les fluctuations boursières, impacte directement son présent et surtout son avenir.

En réponse à ces questions, ce livre avance une thèse très simple : le régime d'inspiration néo-libérale qui gouverne la quasi-totalité de l'économie mondiale génère, volontairement ou involontairement, des déséquilibres dont la source est le creusement des inégalités de richesse. Cette déformation de la distribution des revenus et des patrimoines conduit à une sous-optimalité de la croissance et à la répétition des crises financières, aggravées et aggravantes du fait de la financiarisation croissante de l'économie.

Ce phénomène n'est pas entièrement nouveau (*cf.* la grande dépression de 1873-1896 et celle des années 1930). La différence toutefois tient d'une part au vieillissement des populations du monde dit avancé et d'autre part à la prise de pouvoir absolu des Banques centrales qui ont assuré la continuité à tout prix du système mais en concentrent aujourd'hui tous les risques.

Point final des « *roaring twenties* », le krach boursier de 1929-1932 avait débouché sur la grande dépression et la montée des totalitarismes européens. Seule la deuxième guerre mondiale apporterait la solution à la crise économique par « l'effort de guerre » et mettrait fin aux errements politiques par l'écrasement de l'Axe.

Le retour en force du modèle inégalitaire, depuis les années 1980, a vu lui aussi fleurir les bulles spéculatives et les crises boursières qui y mettent fin. Mais, tirant les leçons des années trente et de l'expérience japonaise (1990/2000), les gouvernants et les oligarchies dominantes de la finance ont confié aux Banques centrales le soin d'enrayer les effets domino des krachs en noyant le système bancaire et financier sous les liquidités. Mise en œuvre pour la première fois par Alan Greenspan lors du lundi noir de 1987 (le 19 octobre Wall Street perdit 23 % en une seule séance) cette stratégie a pris peu à peu l'aspect d'une véritable doctrine : la Banque centrale ne peut ni ne doit se prononcer sur le caractère spéculatif d'un excès d'euphorie boursière. Une bulle ne peut être clairement identifiée que lorsqu'elle a explosé – et la Banque centrale a en revanche pour mission de mettre dans le système toutes les liquidités nécessaires pour enrayer la contamination de l'économie réelle, une fois le krach déclenché.

L'abaissement des taux d'intérêts en dessous de zéro est le signal clair que ce pilotage de l'économie capitaliste hyper-financiarisée par les Banques centrales est arrivé au bout du chemin. Les déséquilibres croissants produits par le modèle de croissance inégalitaire et la créativité financière de plus en plus débridée qui l'a soutenu ont été compensés, de proche en proche, de crise en crise, par des thérapies monétaristes de plus en plus intensives. Après l'échec de l'ultime innovation de la finance créatrice, la titrisation des subprimes, ces thérapies viennent d'atteindre avec la politique de taux nuls (*Zero Interest Rate Policy* ZIRP) et les achats d'obligations par milliers de milliards (*Quantitative Easing* QE) le point extrême où elles en viennent à opérer exactement à l'opposé de la finalité économique qu'elles entendent soutenir, en imposant un prélèvement au lieu d'un abondement sur les capitaux financiers. Le lecteur légitimement effrayé par cette avalanche de termes techniques à dominante anglo-américaine en trouvera l'explication dans l'encadré figurant page 198.

Dans cette affaire, les Banques centrales ont indéniablement rempli avec succès la mission de prêteur en dernier ressort qui leur incombe. Elles ont agi en véritable pompiers du système bancaire, après avoir été pour la plus grande d'entre elles, la Réserve Fédérale, le parfait pyromane. Elles ont ainsi évité le collapsus des banques et la déroute irréversible des dettes gouvernementales. Mais comme le montre toute analyse macro-économique objective, rien sur le fond n'a été résolu, ni même seulement abordé. Le retour à une situation normale reste une *terra incognita* qui s'éloigne à l'horizon à mesure du temps qui passe.

En témoignent les difficultés rencontrées par la Réserve fédérale pour concrétiser la stratégie de « normalisation » (euphémisme désignant la remontée des taux) envisagée depuis 2013 et timidement amorcée début 2016, alors que les États-Unis, comme le Royaume-Uni, ont senti le danger et se sont refusés à franchir la barre du taux zéro. Difficultés qui illustrent bien le risque de non-retour attaché à ces politiques hyper-accommodantes, qui n'ont de non-conventionnel que les instruments qu'elles mobilisent mais qui ne sont que la suite aussi logique que vaine des celles menées depuis trente ans. La conclusion logique est qu'il n'y a en fait aucun moyen d'en revenir sans risquer d'écrouler tout l'édifice, tant qu'on ne change pas le modèle macro-économique global.

Dans la première partie sont rappelées brièvement les conditions du renouveau de l'idéologie libérale et de son corollaire, le capitalisme financiarisé, à partir des années 1980, jusqu'au sommet de 2007. Cette mise en perspective vise surtout à montrer comment et pourquoi les classes moyennes sont devenues les victimes consentantes de leur propre anéantissement, anéantissement qui ne doit rien au hasard, en tombant dans l'addiction aux profits financiers pour pallier la réduction programmée de leurs pensions de retraite.

La seconde partie étudie la crise qui, de 2007 à 2015, a frappé la sphère bancaire et financière puis la dette publique européenne, comme illustration des défaillances du modèle de financiarisation, entrainé dans une implacable course à l'abime où le traitement (monétaire) de chaque crise prépare plus sûrement la suivante.

La troisième partie est consacrée aux Banques centrales et au rôle croissant qui leur a été dévolu, d'abord comme gardiennes du temple de l'orthodoxie macro-économique puis comme substituts à l'inaction des gouvernements et finalement comme uniques sauveurs face au désordre croissant de l'économie. Le bilan de leur action intègre une lecture très critique de leurs erreurs d'anticipation, de leur focalisation asymétrique sur le risque d'inflation (et leur négligence vis-à-vis de l'instabilité financière) et de leur inclination pro-marchés.

Enfin la quatrième partie examine les conséquences indésirables du phénomène des taux d'intérêt nuls ou négatifs et le trilemme dans lequel sont enfermées les Banques centrales, entre fragilité des marchés, inefficacité économique et nécessité de se redonner des marges.

En guise de conclusion sont proposées les étapes clés d'un redressement de l'économie globale. Des réformes indispensables doivent être apportées au fonctionnement de l'économie mondialisée, de son système monétaire et de la régulation bancaire. Il faudra aussi harmoniser les régimes d'imposition et les systèmes de protection sociale. Mais le plus important pour que la finance retrouve sa place au service d'une économie elle-même au service de l'homme est de repenser complètement les solidarités intergénérationnelles et de mettre fin à la divinisation du marché, dans le droit fil des recommandations formulées par le Pape François dans l'encyclique « *laudate si* ». Car il serait évidemment absurde d'essayer de reconstruire un système économique viable sans poser sa durabilité comme première exigence. D'où l'idée d'une écologie totale, rétablissant une hiérarchie des principes partant de la place de l'homme sur la planète et se terminant par les outils financiers adéquates, strictement à l'inverse de celle qui prévaut aujourd'hui.

PREMIÈRE PARTIE

LE CAPITALISME FINANCIER,
DE LA RÉVOLUTION NÉO-LIBÉRALE
À LA CRISE MULTIFORME DU XXIᵉ SIÈCLE

C'est que jamais rien n'arrive, sans qu'il y ait une cause ou du moins une raison déterminante, c'est-à-dire quelque chose qui puisse servir à rendre raison a priori, pourquoi cela est existant plutôt que non existant, et pourquoi cela est ainsi plutôt que de toute autre façon.

LEIBNIZ, 1710.

INTRODUCTION

Le (vieux) professeur a aujourd'hui le plus grand mal à être crédible lorsqu'il décrit à ses étudiants nés dans les années 1990 le monde dans lequel il évoluait lorsqu'il avait leur âge. L'épouvantail soviétique dont on craignait encore qu'il finisse par surpasser son rival américain ; le triplement en quelques semaines du prix du baril et l'envol de celui de l'essence à la pompe ; l'inflation à deux chiffres et les taux d'emprunts hypothécaires supérieurs à 15 % ; l'indexation ex-post des salaires grâce à l'échelle mobile...

Ce monde a disparu en moins de dix ans pour faire place à la globalisation de l'économie et à l'adhésion des pays nouvellement ouverts à l'économie de marché et à la finance dérégulée.

Comment un basculement aussi radical a-t-il pu se produire aussi rapidement ? Et quelles en étaient les racines ?

La désinflation et la baisse des taux d'intérêt qui l'a accompagnée ont créé les conditions d'un âge d'or boursier (la capitalisation boursière américaine sera multipliée par quatorze en moins de vingt ans). Pourtant le bilan économique et financier de ce renouveau du capitalisme est loin d'être concluant. Des crises de plus en plus violentes se sont succédées et l'abolition du cycle économique, Graal des tenants de la dérégulation, a lamentablement échoué dans la pire récession de l'après-guerre. Quant à la croissance globale, elle n'a cessé de ralentir tout au long de trois décennies. Les classes moyennes des pays industrialisés, reines des trente glorieuses et moteur de la croissance fordiste, sont laminées et celles du monde émergent, certes en forte progression, ne masquent ni l'insécurité économique dans lesquelles elles évoluent ni la persistance d'une extrême pauvreté (selon la Banque mondiale, près de 800 millions de personnes vivent encore avec moins de 1,90 dollar par jour). Ces performances médiocres n'empêchent pas, bien au contraire, l'attachement de ces classes moyennes au principe de capitalisation de l'épargne individuelle, attachement par lequel elles sont devenues les alliés objectifs des détenteurs du capital.

LE GRAND VIRAGE

DES TRENTE GLORIEUSES À LA STAGFLATION

Roosevelt avec le New Deal, Beveridge avec son Rapport[1] porté par Churchill et le Conseil National de la Résistance ont fondé la reconstruction du monde industrialisé après la guerre sur un « socle de protection des citoyens », mutualisé ou socialisé, contre les aléas de l'existence (maladie, chômage, vieillesse, incapacité etc.). Ce système, connu sous le nom aujourd'hui infamant d'État-Providence, a favorisé un formidable élan de prospérité[2]. Soutenue par une redistribution avantageuse des gains de productivité en faveur du travail, dans une logique fordiste, la forte croissance a fait émerger la classe moyenne dans tous les pays occidentaux, jusqu'à ce que ces mécanismes se dérèglent, à partir de la fin des années 1960.

L'oubli des lois économiques les plus élémentaires et l'hubris (déjà) nourri par la formidable montée des standards de vie du monde occidental ont peu à peu renforcé la rigidité des mécanismes d'indexation salariale et de redistribution. Confrontées au coût de la guerre du Vietnam, à la fin du système d'étalon-dollar de Bretton-Woods, puis à la hausse du prix du pétrole, les économies occidentales ont alors plongé dans la stagflation.

---

1   *Report to the Parliament on Social Insurance and Allied Services* 1942.
2   On ne peut évidemment oublier le rôle que la rente coloniale et le pillage des ressources énergétiques et minières de la planète ont joué dans cette phase de progrès.

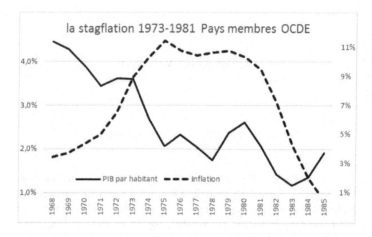

FIG. 1 – La stagflation 1973-1981 (source : Banque Mondiale).

Pour les financiers, la fin des années soixante et les années soixante-dix comptent parmi les périodes les plus noires. En dépit de l'envolée des taux d'intérêt (ils culmineront à 15,8 % sur les emprunts à dix ans du Trésor aux États-Unis à l'été 1981 et à 17,4 % en France en novembre de la même année), les rendements obligataires net d'inflation sont misérables et les bourses connaissent dix-sept ans de stagnation erratique, marquée par un des pires « *bear market* » de l'histoire : le Dow Jones baisse de 41 % entre octobre 1973 et octobre 1974.

LE GRAND RETOUR DU LIBÉRALISME

L'histoire se construit toujours à partir d'évènements ponctuels qui viennent matérialiser des tendances de fond au moment opportun. C'est pour cela que le travail de l'historien comprend toujours deux temps : la recherche relativement aisée du « comment » et celle plus ardue du « pourquoi ». Le revirement idéologique complet, du keynésianisme-fordisme et de la social-démocratie vers le conservatisme le plus libéral, sur lequel allait déboucher la fin désastreuse des trente glorieuses (moins de vingt-cinq ans en France) n'échappe pas à cette règle.

Le « comment » de ce virage à cent quatre-vingt degrés est le fait de quatre évènements intervenus entre 1979 et 1981. Le « pourquoi » quant à lui relève du grand balancier de l'histoire qui a consacré le retour en force des rentiers.

LE TOURNANT DE LA DÉCENNIE 1980

En dix-huit mois se produisirent en effet quatre évènements qui allaient changer radicalement la donne et dessiner l'essentiel du cadre politico-économique des trois décennies suivantes : l'entrée de l'URSS dans le conflit afghan (février 1979) et les arrivées de Margaret Thatcher au 10 Downing Street (4 mai 1979), de Paul Volcker à la tête de la Reserve fédérale (6 août 1979) puis de Ronald Reagan à la Maison-Blanche (4 novembre 1980). C'est dans ce cadre que s'inscriront par la suite la révolution des technologies numériques de l'information et l'entrée du monde émergent dans le grand jeu de l'économie mondialisée[3].

LA FIN DE L'URSS

Dernière crise de la guerre froide, le conflit afghan allait marquer l'amorce du déclin définitif de l'Empire Soviétique. L'aide américaine aux combattants afghans serait en même temps la mère nourricière des conflits moyen-orientaux du XXIe siècle. La décomposition de l'Empire Soviétique, jusqu'à la chute du Mur de Berlin (novembre 1989) et la dislocation de l'Union (décembre 1991), concomitamment à la faillite de son modèle d'économie planifiée allaient affaiblir les syndicats occidentaux. Privés de l'appui idéologique (et parfois opérationnel) dont ils bénéficiaient depuis fin de la deuxième guerre mondiale, les syndicats ouvriers seraient, bien avant l'entrée en lice massive des

---

3   L'historien Christian Ingrao désigne quant à lui l'année 1979 comme le point charnière à partir duquel se déploie ce qu'il nomme la migration de l'espérance. La fin de l'espoir de la survenance, ici-bas, d'une société idéale, fondée sur l'abondance la fraternité et le bien-être, et l'avènement d'une société du vide ouvrent la voie à des systèmes de croyances fondés sur le divin. Parmi les évènements marquants de cette année-là, il retient la révolution iranienne et sa suite immédiate dans la guerre Iran Irak, la prise de la grande mosquée de La Mecque par des fondamentalistes sunnites et les grèves de chantiers navals polonais (séminaire Collège de France https://www.college-de-france.fr/ site/pierre-rosanvallon/seminar-2017-03-15-10h00.htm).

travailleurs à bas salaires, les témoins impuissants du déplacement d'une part importante de la valeur ajoutée du travail (salariés) vers le capital (actionnaires).

PAUL VOLCKER

Le 6 août 1979 Paul Volcker succède à la tête de la Réserve fédérale à Arthur Burns (1970-1978) et à l'éphémère G. William Miller (nommé en 1978 mais appelé par Jimmy Carter comme secrétaire au Trésor). Démocrate, il sera reconduit par l'administration Reagan en 1983 mais devra céder sa place à Alan Greenspan en 1987. Lorsqu'il prend les rênes, l'inflation atteint 10 % (elle culminera à 13 % en 1981) et l'économie s'enlise depuis quelques années dans la stagflation. Constatant que l'inflation détruit la croissance et convaincu qu'elle (ne) résulte, conformément à la théorie monétariste, (que) d'une émission excessive de monnaie, il décide de briser la spirale inflationniste en arrêtant la création de monnaie par le circuit bancaire des prêts. Pour ce faire, il pore le taux des *fed funds* (taux d'intérêt des prêts à vue entre banques sur le marché monétaire) de 10 % à 20 %, rendant par la-même le refinancement des banques impossible.

Ce resserrement monétaire d'une amplitude inouïe provoque un sérieux ralentissement en 1980 et une sévère récession en 1982. Mené contre l'avis du Congrès et sévèrement critiqué, il marque surtout le début de la véritable autonomisation des Banques centrales.

À partir de juillet 1981, en revanche, ces taux entameront une décrue non exempte de soubresauts qui les amènera jusqu'à zéro, trente plus tard. Cette baisse tendancielle, étendue aux taux à long terme, apportera une contribution quasi permanente à l'appréciation des actifs financiers et immobiliers, qui nourrira l'addiction des épargnants aux profits financiers faciles et confortera l'idée que les prix des maisons ne reculent jamais.

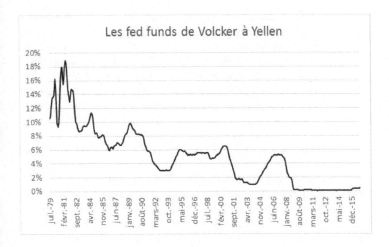

Fig. 2 – La baisse des taux de la Fed de 1981 à 2016
(source : Fed Saint-Louis).

MARGARET THATCHER ET RONALD REAGAN

Lassés par la stagflation qui, entre autres inconvénients, spolie durement les épargnants, les électeurs des pays occidentaux – à l'exception notable de la France qui choisit en mai 1981 l'alliance « socialo-communiste » emmenée par François Mitterrand – portent au pouvoir, au tournant de la décennie, les chefs de file d'un renouveau conservateur dont les programmes économiques sont d'inspiration résolument néo-libérale. La frustration engendrée par l'incapacité de l'État interventionniste à enrayer la morosité (« la fin du tunnel », prédiction jamais réalisée de Raymond Barre en 1976) est pour beaucoup dans ce revirement.

Ce retour aux affaires de la droite libérale, après des décennies de new-deal fordiste, y compris aux États-Unis sous les présidences républicaines d'Eisenhower et Nixon, a été préparé de longue date. Il fonctionne déjà, à titre expérimental, dans le Chili d'après le coup d'État, gouverné de facto par de jeunes économistes formés à l'université de Chicago (*Chicago boys*). La mise en œuvre opérationnelle de ce renouveau, aux États-Unis et au Royaume-Uni repose sur deux piliers :

— la baisse des impôts : en 1986, Reagan abaisse à 28 % la tranche marginale d'imposition sur le revenu, qui avait été portée à 90 % par Roosevelt et était encore de 75 %. Un mouvement similaire voit ce taux passer de 83 % à 40 % au Royaume-Uni.

— l'inversion du rapport de force salarial, symbolisé par deux défaites syndicales décisives : celle des contrôleurs aériens américains après la grève de 1981 et celle qui clôt la grande grève des mineurs anglais de 1984-1985.

En France, le « virage de la rigueur », dès mars 1983, consacre l'échec cuisant de la politique de stimulation de la demande pour cause d'anachronisme et d'isolement (l'économie mondiale est alors en récession). La nouvelle politique reprend à son compte les mêmes éléments. Pierre. Bérégovoy met fin à l'indexation ex-post des salaires en 1984 et Jacques Chirac supprime en 1986 l'autorisation administrative de licenciement et l'impôt sur les grandes fortunes (IGF) créé par la gauche. Parallèlement est menée à bien, sous la houlette de JC Naouri, une « modernisation » des marchés financiers directement inspirée du modèle américain (création des OAT et des BTAN émis au travers d'un marché d'adjudication, ouverture d'un marché de futures).

L'arrimage du Franc au Deutschemark (le « franc fort ») et l'indépendance de la banque de France (1993) marqueront l'adhésion définitive aux thèses ordo-libérales, adhésion qui traversera les alternances gauche-droite de 1986 à 2012. Le jeu de ping-pong des nationalisations-privatisations prendra fin dès la réélection de François Mitterrand (le « ni-ni » de 1988). La victoire définitive des secondes, marquée notamment par la privatisation des banques qui avaient été nationalisées en 1946, sera amplifiée par la suite, y compris sous le gouvernement de cohabitation dirigé par Lionel Jospin qui encaissera 31 milliards d'euros de recettes sur la période 1997/2002 et réalisera en outre de nombreuses « ouvertures du capital ».

LE NÉOLIBÉRALISME
ET LA REVANCHE DES RENTIERS

> *The modern conservative is engaged in one of man's oldest exercises in moral philosophy ; that is, the search for a superior moral justification for selfishness*[1].
> JK GALBRAITH

ORDO-LIBÉRALISME ET NÉO-LIBÉRALISME

Le but de ce chapitre n'est pas de se lancer dans l'étude approfondie d'un sujet que Serge Audier (2000) a admirablement traité dans un ouvrage exhaustif, à la fois historique et théorique. Le propos est simplement d'en retracer les caractéristiques principales en essayant de mettre en relief les éléments de sa réussite et ses faiblesses théoriques.

DU RENOUVEAU ACADÉMIQUE
À LA PROPAGATION UNIVERSELLE

En 1936 le journaliste américain Walter Lippmann organise à Paris un colloque consacré à la rénovation du libéralisme. Cette école de pensée est en effet confrontée à la double catastrophe de la Grande Dépression et de la montée des totalitarismes. Ce colloque désormais connu sous le nom de « Colloque Lippmann » rassemble tous les grands noms de la branche non keynésienne (et non marxiste) de la science économique qui souhaitent promouvoir un nouveau libéralisme face au fascisme, au communisme et à l'interventionnisme de l'État. Mais d'emblée apparait

---

1   Le conservatisme moderne est engagé dans un des exercices les plus anciens de la philosophie morale. C'est à dire une justification morale supérieure de l'égoïsme.

une scission entre les purs rénovateurs, qui deviendront, grosso modo, les ordo-libéraux et ceux qui penchent pour la radicalité libérale. Ce sont les seconds qui garderont pour eux seuls, avec le temps, le qualificatif de néo-libéraux et parfois d'ultra-libéraux

> Tout bien considéré, il est indéniable qu'ici, dans notre cercle, deux points de vue différents sont représentés. Les uns ne trouvent rien d'essentiel à critiquer ou à changer au libéralisme traditionnel, tel qu'il fut et tel qu'il est, abstraction faite, naturellement, des adaptations et des développements courants qui vont de soi. À leur avis, la responsabilité de tout le malheur incombe exclusivement au côté opposé, à ceux qui par stupidité ou par méchanceté, ou par un mélange des deux, ne peuvent ou ne veulent pas apercevoir et observer les vérités salutaires du libéralisme. Nous autres, nous cherchons la responsabilité du déclin du libéralisme dans le libéralisme lui-même ; et, par conséquent, nous cherchons l'issue dans un renouvellement fondamental du libéralisme.
> (Alexander Rustöw. Déclaration au Colloque Lippman).

En 1947, à l'initiative de Friedrich Hayek, est créée la Société du Mont Pèlerin (le Mont Pèlerin domine le lac Léman, à proximité de Vevey en Suisse, où se tient la première réunion). Cette société de pensée se donne l'objet de réunir des intellectuels favorables au libéralisme, à l'économie de marché et aux valeurs politiques d'une société ouverte et s'accordant sur les fondements du libéralisme. Des trois courants représentés, école de Chicago, ordo-libéral et école autrichienne, c'est le premier qui au fil du temps deviendra prépondérant. Huit adhérents de la SMP se verront décerner par la banque de Suède le prix en mémoire d'Alfred Nobel, entre 1971 et 2002 (l'école de Chicago quant à elle « trustera » une douzaine de ces distinctions).

La rupture intellectuelle entre ceux qui se revendiquent alors « libéraux classiques » et les « ordo-libéraux » sera consommée lors du colloque de Milan en 1955. Inspiré par la tradition chrétienne et la morale kantienne, l'ordo-libéralisme est une doctrine cherchant à concilier liberté économique et justice sociale dans une société ordonnée.

> Il y a infiniment de choses qui sont plus importantes que l'économie : la famille, la commune, l'État, le spirituel, l'éthique, l'esthétique, le culturel, bref l'humain. L'économie n'en est que le fondement matériel. Son objectif est de servir ces valeurs supérieures.
> (Alexander Rustöw)

Convaincus de la pertinence du modèle de concurrence (ainsi que le démontre Walter Eucken), ils pensent que celui-ci ne peut se développer qu'à l'intérieur d'un ordre construit par la loi et tenu par l'État. Selon Wilhelm Röpke,

> Pour éviter la pente fatale du collectivisme nous devons parvenir à nos buts économiques en influençant les conditions de la marche économique mais sans intervenir dans le mécanisme proprement dit de l'économie de marché caractérisée par la formation des prix et la concurrence.

La filiation est indiscutable entre d'une part les théories ordo-libérales d'un Eucken ou d'un Röpke et, d'autre part, le concept d'économie sociale de marché et la politique initiée par le chancelier Adenauer et son successeur, Ludwig Erhard, dans les années soixante. C'est cette orientation politique qui fonde ce que Michel Albert (1990) appellera le « capitalisme Rhénan ».

L'ordo-libéralisme promeut une concurrence surveillée par les pouvoirs publics ou par des autorités indépendantes et attribue un rôle distinct et primordial à la politique monétaire comme gage de la stabilité. Il requiert la modération de l'État (budget en équilibre) et la résolution des conflits salariaux par la négociation avec des syndicats puissants (IG Metall). Confronté au vieillissement de la population allemande, surtout après l'intégration des länder de l'est, l'ordo-libéralisme se doublera d'un mercantilisme délibéré, y compris au sein de la zone euro, de façon à générer des excédents récurrents. Reposant largement sur l'activité productrice de ses voisins de l'est, l'économie allemande fonctionnera ainsi de plus en plus comme un fonds de pension géant.

LA RECONQUÊTE IDÉOLOGIQUE

Dans un article célèbre de 1949 intitulé « Les intellectuels et le socialisme », Friedrich Hayek examine le rôle tenu dans la propagation des idées socialistes par ceux qu'on appelle « les marchands professionnels de seconde main du monde des idées ». L'idée de Hayek est que les idées jouent un rôle décisif dans la constitution des institutions et que le pouvoir de l'élite consiste à faire accepter des idées qui feront évoluer le monde.

Sa conclusion est une exhortation qui sera longue à produire ses effets mais qui deviendra pleine réalité à partir des années 1980.

> La leçon principale que le vrai libéral doit apprendre du succès des socialistes
> est que c'est leur courage d'être utopique qui leur a apporté le soutien des
> intellectuels et donc une influence sur l'opinion publique qui rend tous les
> jours possible ce qui semblait encore récemment tout à fait lointain.

S'il serait excessif de parler déjà de complot, force est de constater que l'on assiste bien à la naissance d'une internationale libérale, chargée de mettre en œuvre une stratégie de conquête idéologique par la diffusion systématique d'un corpus d'idées destinées à devenir des postulats unanimement acceptés. Les films « Inside Job » de Charles Ferguson (2000) et « Les Nouveaux Chiens de Garde » de Serge Halimi (2005) montrent très clairement comment les mondes journalistiques et universitaires, conformément aux recommandations de F. Hayek, servent de nos jours de relais à cette pensée devenue unique au fil des décennies.

Assimiler en un évènement unique le renouveau des idées néo-libérales et la « révolution » néo-conservatrice américaine, que Paul Krugman qualifie de « conservatisme de mouvement », serait à l'évidence très abusif car leurs histoires respectives, de l'immédiat après-guerre jusqu'à l'élection de Ronald Reagan, témoignent d'antagonismes sévères. Les points de convergences n'en sont pas moins nombreux et ces deux mouvements se sont effectivement épaulés dans leur retour quasi-synchrone au premier plan, l'école de Chicago jouant là un rôle de médiateur tout particulier. Milton Friedman, leader incontesté du mouvement néo-libéral (et de la SMP) à partir des années 1970, incarne parfaitement la rencontre des deux courants de pensée. Proche du mouvement libertarien et ennemi absolu du syndicalisme, il soutiendra le candidat républicain ultra-conservateur Barry Goldwater aux élections 1964 et sera successivement conseiller de Richard Nixon et membre du comité économique de Ronald Reagan.

Les deux courants s'accordent également sur une vision fondamentalement anti-démocratique de la politique. Dans « La route de la servitude », Friedrich Hayek (1943) écrit :

> L'usage efficace de la concurrence en tant que principe d'organisation sociale
> exclut certains types d'intervention coercitive dans la vie économique, mais
> il en admet certains autres qui peuvent parfois l'aider considérablement, et
> exige même certains genres d'action gouvernementale.

Quelques chapitres plus loin, il clarifie son propos :

> Il n'y a rien de bas ni de déshonorant à approuver une bonne dictature honnête. [...] Sans aucun doute, un système 'fasciste' instauré en Angleterre serait très différent de ses modèles italien ou allemand.

À la même époque Wilhelm Roepke (1939) n'hésitait pas lui aussi à défendre les vertus d'une démocratie « autoritaire » :

> Si la concurrence ne doit pas agir comme un explosif social ni dégénérer en même temps, elle présuppose un encadrement d'autant plus fort, en dehors de l'économie, un cadre politique et moral d'autant plus solide : un État fort.

L'indépendance des Banques centrales, qui est le sujet central de notre troisième partie, relève de cette vision pour le moins particulière de la démocratie. L'indépendance est, dans cette doctrine, exigée comme rempart contre le risque inflationniste imputable à l'irresponsabilité supposée des gouvernants des États démocratiques. Puisqu'en contrepoint à l'argumentaire libéral il faut dénigrer systématiquement toute la sphère publique, l'inclination à la gabegie doit être présentée comme un défaut congénital de tout gestionnaire de la dépense publique, soumis aux pressions et lobbies en tous genres. Vingt ans après, la crise de la dette souveraine en Europe, bien que provoquée par celle d'ordre strictement privé des subprimes, sera le prétexte pour rejeter la politique budgétaire des pays adhérant à l'euro hors de la sphère démocratique.

LE NÉO-LIBÉRALISME, LES POINTS CLÉS DU CREDO

Il serait ridicule de prétendre résumer en quelques lignes ce qu'est le néolibéralisme. L'ambition se limitera donc à distinguer parmi les principaux constituants de la doctrine ceux qui relèvent de l'idéologie pure de ceux qui revêtent une (prétendue) valeur scientifique et enfin les éléments appartenant au discours politique. À la fin de la deuxième partie sera esquissée une analyse des causes et conséquences de la scientificité de l'économie.

Éléments idéologiques : la pensée libérale en tant que doctrine philosophique

– Les forces sociales spontanées.

L'essence du vrai libéralisme c'est l'humilité intellectuelle qui traite avec respect les forces sociales spontanées au travers desquelles l'individu construit des choses plus grandes qu'il n'en a conscience. (Hayek)

- L'ordre social spontané : les relations économiques forment le socle de la Grande Société. Le jeu catallactique[2] est un jeu créateur de richesse dans lequel les prix qui contiennent l'information en quantité limitée mais suffisante constituent un signal normatif.
- La limitation du rôle de l'État : la « *rule of law* » est opposée au gouvernement arbitraire porteur d'un risque liberticide.

Éléments théoriques : la science économique

- De la « main invisible » à la Théorie de l'Équilibre Général (TEG) et à l'hypothèse d'efficience des marchés
- La théorie quantitative de la monnaie et le taux de chômage naturel
- Les DSGE (voir page 128)
- La probabilisation, les distributions normales et le mouvement brownien[3] (l'aléa quantifiable contre l'incertitude radicale de Keynes)

Éléments du discours politique

- La baisse des impôts
- Les privatisations
- L'anti-syndicalisme
- La maximisation de l'enrichissement actionnarial. (Milton Friedmann, pourfendeur de la responsabilité sociale des entreprises-RSE)
- la Grande Modération
- l'Austérité Expansionniste

---

2   Le terme catallaxie désigne « l'ordre engendré par l'ajustement mutuel de nombreuses économies individuelles sur un marché. Une catallaxie est ainsi l'espèce particulière d'ordre spontané produit par le marché à travers les actes des gens qui se conforment aux règles juridiques concernant la propriété, les dommages et les contrats. » Friedrich Hayek.
3   Walter Christian, Pracontal Michel (2009).

LA CONSTRUCTION EUROPÉENNE,
DE LA SOCIAL-DÉMOCRATIE
À L'ORDO-LIBÉRALISME... OU PLUS ?

Dans une Europe (continentale) pourtant dépositaire d'une longue tradition de mutualisme, d'économie mixte et d'interventionnisme de l'État, les dirigeants nominalement « de gauche » qui ont exercé le pouvoir au cours de ces trente années (Delors, Bérégovoy, Jospin, Schroeder, Prodi, Gonzales, Blair etc.) ont été complices, au mieux par passivité, de la contagion idéologique libérale. Le Projet européen a pu ainsi prendre une orientation pro-marché de plus en plus nette, dans les traités successifs, dans le travail produit par la Commission et dans les prescriptions de la gouvernance auto-proclamée de l'Eurogroupe. Cet abandon progressif des bases de la social-démocratie a ainsi fait place à un prétendu social-libéralisme, oxymore qui en dit long sur la résignation – ou la trahison – de ces dirigeants.

L'organisation d'une concurrence libre et non faussée est devenue une fin en soi (*cf.* Livre III du projet de Constitution européenne de 2005), concrétisant le dévoiement insidieux du projet de construction européenne. La dérive est devenue évidente avec la mystification de l'élargissement ultra-rapide aux pays d'Europe de l'Est fraichement convertis à la démocratie. Menée sans préparation politique (l'unanimité à 28 !) et juridique (rien contre la corruption et les mafias), cette extension à but strictement mercantile a fini de bloquer toute évolution politique et sociale de l'Union[4].

---

4 Ainsi la Commission se heurte au refus des pays membres d'Europe de l'est de mettre fin aux conditions qui donnent au détachement de travailleurs les caractéristiques d'un véritable dumping.

LES FONDEMENTS
DE L'HYPER-FINANCIARISATION

Dans cet environnement idéologique et politique en passe de devenir pensée unique, la financiarisation extrême de l'économie a été portée par trois mutations de portée historique.

La première est l'ouverture du marché des biens et services et surtout de celui du travail aux pays soudain libérés des murs, rideaux de fer et barrières en tous genres érigés par le communisme. La deuxième est l'entrée en application à grande échelle des technologies d'information numérique (NTIC). La troisième est l'arrivée à maturité des baby-boomers (la génération 1944-1970) avec le spectre de la montée attendue du ratio de dépendance (le rapport des inactifs à la population en âge de travailler) prédisant la défaillance des systèmes de retraite par répartition.

GLOBALISATION ET NTIC

La conjugaison de ces deux premiers éléments a eu pour conséquences un choc déflationniste sans précédent sur les salaires et la désindustrialisation des économies occidentales. La libération ultrarapide du « bloc de l'Est » (de la chute du Mur en novembre 1989 à l'entrée de la Chine dans l'OMC en novembre 2001) a eu pour effet principal de mettre soudain en concurrence, sur le marché mondial du travail, le mieux disant (l'Occident) et le moins disant (le monde émergent) de la rémunération horaire et de la protection sociale. Dans une logique de pure marchandisation du travail, le choix des dirigeants politiques des pays avancés et des firmes transnationales, plutôt que d'essayer de tracer une trajectoire acceptable de convergence des niveaux de vie – essayer d'organiser le futur étant bien entendu la promesse du Goulag – a simplement été de faire confiance au marché. Une énorme partie de la demande mondiale de travail a été ainsi adjugée aux centaines de millions de nouveaux travailleurs des pays dits « à bas salaires » par le biais des délocalisations. Le développement fulgurant des NTIC et l'abaissement des coûts du fret maritime ont rendu possible la disposition quasi équivalente des facteurs de production à travers le monde, tout en gardant pour le coût du travail un éventail allant de un à quarante.

L'Histoire retiendra comme un phénomène proprement ahurissant le décollage accéléré des peuples passés en moins d'un demi-siècle de l'état de sous-développement au statut d'économie émergentes (voire émergées) et le remplacement de l'ère coloniale par celle la guerre économique totale livrée aux pays du vieux monde. Dans cette guerre, l'Europe a accepté être submergée, faute d'avoir posé des règles de cohabitation et d'échanges multilatérales, au moins à titre transitoire.

Parallèlement, il a quand même bien fallu préserver le pouvoir de consommer des pays avancés, non par philanthropie mais parce que l'alignement instantané vers le bas aurait porté un coup fatal à l'économie mondiale. Si la Chine a saisi avec enthousiasme l'occasion de devenir « l'atelier du monde », avec en arrière-plan une stratégie bien établie de montée en gamme, Wal-Mart et ses semblables n'ont pas raté celle de distribuer dans les pays avancés des produits dans lesquels le coût de main d'œuvre ne représentait plus que quelques pourcents. On analysera dans la quatrième partie le rôle essentiel des anomalies du marché des changes (*i.e.* la sous-évaluation chronique des devises des pays à fort excédent commercial) dans la perpétuation de ce système.

Mais pour pouvoir boucler le circuit de cette nouvelle économie-monde, il était nécessaire de continuer de trouver, dans les pays avancés, des débouchés aux productions des émergents. Et, pour cela, combler la divergence, dans ces pays, entre le rythme de croissance des revenus d'une part et celui souhaité pour la consommation globale d'autre part.

Ce comblement ne pouvait se faire que par le crédit, suivant deux canaux dépendant de la nature plus libérale ou plus sociale du pays. Dans le premier cas, comme aux États-Unis, c'est l'envolée du crédit à la consommation et du refinancement hypothécaire qui a soutenu le consommateur. Dans le second, comme en France, les contributions publiques et le creusement du déficit budgétaire financé par la dette ont pallié le déficit relatif de revenus.

Les pays émergents ont ainsi pu recycler leurs excédents commerciaux en achetant de la dette souveraine, notamment américaine, ou en alimentant les circuits bancaires. C'est ainsi qu'est né et s'est perpétué le paradoxe des pays « pauvres », travailleurs, exportateurs et épargnants, reprêtant leurs excédents à leurs clients « riches », consommateurs et déficitaires, cette dissymétrie s'accompagnant d'un creusement extrême des inégalités, au sein des deux camps.

LE VIEILLISSEMENT, FACTEUR DÉCISIF

Le troisième élément de la financiarisation, probablement le plus important pour que l'idéologie puisse devenir réalité, est la prise de conscience aussi tardive que soudaine de l'impact de l'évolution démographique des pays « occidentaux » (Japon inclus). Le livre blanc de Michel Rocard sur l'avenir des retraites[1], publié en France dès 1990, était resté une pré-alerte sans lendemain, le sujet étant encore trop lointain pour inquiéter vraiment. Le véritable réveil survint en mai 1997 lorsque Goldman Sachs publia sous la plume de Mark Griffin une étude retentissante intitulée *"The Global Pension Time Bomb and Its Market Impact"*, La Bombe à Retardement des Fonds de Pension et son Impact sur les Marchés.

Ce document soulignait la formidable demande de titres, et en particulier d'actions, qui devrait résulter de l'application des normes anglo-saxonnes de gestion des retraites à l'ensemble du monde industrialisé. L'addition de la pression démographique à ces nouvelles tendances dans l'allocation d'actifs conduisait à un besoin d'investissement en actions évalué à 2000 milliards de dollars en cinq ans (soit plus du quart de la capitalisation boursière des États-Unis de l'époque).

Bien que ce point n'ait pas été explicitement mentionné dans l'étude, il n'échappa pas à quelques-uns que la bombe à retardement exploserait deux fois. La première déflagration répondrait au déséquilibre (*squeeze*) du marché pendant la phase de constitution d'épargne et d'investissement en actifs financiers. Ultérieurement, l'insuffisance des

---

1   http://www.ladocumentationfrancaise.fr/rapports-publics/134000051/index.shtml

revenus de portefeuille, (relativement à des coûts d'acquisition excessifs résultant précisément de ce squeeze) provoquerait la seconde. Car les classes d'âge devenues inactives (*papy boomers*) devraient consommer cette épargne, transformée en rentes.

C'est à peu près à la même époque que germa au sein du pouvoir politique français (gouvernement Jospin) l'idée de constituer un Fonds public de réserve (Fonds de Réserve des Retraites FRR). Ce fonds devait être abondé par le produit des cessions d'actifs de la République (les privatisations, qui finalement serviront à combler les déficits du budget). Ses gains de capitalisation devaient porter ses actifs à 150 Md € à l'horizon de 2030 ou 2040. Ainsi serait comblé le déficit structurel mais temporaire du régime général de retraite par répartition[2].

LA CAPITALISATION AU CŒUR DE LA SOCIÉTÉ

Le facteur démographique est essentiel pour comprendre comment l'épargne financière, individuelle ou collective, privée ou publique, libre ou réglementée, est devenue centrale dans nos sociétés, au point de constituer un sujet de préoccupation presque égal à la santé. Par ce biais, les populations du monde occidental (et japonais) se sont solidarisées des objectifs des détenteurs du « grand capital », dont elles ont adopté les canons de l'orthodoxie financière et la loi d'airain de la rentabilité des capitaux investis. La revendication permanente en faveur de fonds de pension, en France, en est la parfaite illustration.

On ne peut bien sûr oublier le scandale des deux exceptions à l'interdiction intangible de créer de tels fonds qui concernent… les fonctionnaires (Préfon et ERAFP). Pour autant, proclamer que les Fonds de pension pallieraient les causes démographiques de l'insolvabilité programmée des régimes de retraite relève de l'imposture intellectuelle. Car les Fonds de pension ne changeraient rien au problème structurel

---

2   Une erreur de timing dans l'exposition aux marchés d'actions, en 2007, a porté un coup mortel au processus de capitalisation escompté. Le fonds affichait fin 2014 un montant de 37 MD € bien loin de la trajectoire initialement prévue, d'autant plus que le mécanisme initial de capitalisation a été abandonné, avec notamment la suppression de toute recette et l'instauration de versements annuels à la CADES.

du prélèvement effectué par les inactifs sur la richesse produite par les actifs. Ils n'en modifieraient que les modalités. De plus, l'efficacité à long terme des régimes existants, déjà mise à mal par les accidents boursiers[3], reste subordonnée à l'intensité de l'investissement productif. À ce titre elle entre d'ores et déjà en conflit d'intérêt avec l'exigence de rentabilité et de distribution immédiate de dividendes.

L'intermédiation des gestionnaires professionnels, qu'ils agissent pour des fonds institutionnels (d'assurance, de prévoyance, de retraites) ou pour des fonds privés, a évidemment joué un rôle déterminant – et intéressé – dans cette adhésion populaire à l'exigence de rentabilité financière.

LE CAPITALISME DE RENTIERS

La revanche des rentiers, après « l'euthanasie[4] » qu'ils avaient subie pendant les années de forte inflation, relève, au plan politique d'un véritable tour de force. Elle prend la forme d'une redéfinition complète de l'ordre social, sans remous, par diffusion d'un consensus à l'intérieur même de la démocratie, avec deux piliers :

— Faire accepter l'incroyable asymétrie de distribution des revenus entre capital et travail, à partir des années 1990, comme la seule voie possible vers la prospérité et la faire perdurer comme un équilibre de Nash. Ignorer les effets inégalitaires de l'organisation de la croissance, que ceux-ci soient un objectif méthodologique ou non, qu'ils relèvent d'une lutte des classes explicite ou d'une indifférence amorale à de telles considérations.

— Promouvoir un ordre politique essentiellement compatible avec des marchés dérégulés dont l'objectif est d'imposer le minimum de contrainte au « *Big Business* » (*cf.* Le projet de traité transatlantique TAFTA et ses instances d'arbitrage supranationales privées).

---

3   Depuis la fin de la » « bulle techno » la plupart de ces fonds ont abandonné le régime de pensions définies pour celui des contributions définies : le futur retraité sait ce qu'il cotise mais ignore ce qu'il recevra ce montant étant soumis aux aléas du marché boursier !

4   Voir note 2, page 123.

Un des moyens de cette transformation a consisté à réintroduire chez les citoyens le risque que les politiques de protection du *Welfare State* (l'État-Providence) avaient cherché à réduire par le biais des solidarités et des coordinations. Les applications les plus marquantes de ce principe sont l'affaiblissement d'une part des travailleurs par le risque de chômage et les inquiétudes pour les retraites et, d'autre part, celui de l'État par l'insécurité de la dette.

Le résultat visible en ce milieu des années 2010 dans tous les pays occidentaux est une démocratie à faible intensité dans laquelle l'État et les organisations internationales deviennent des facilitateurs des stratégies de renforcement des rentes oligopolistiques, sous la surveillance des marchés, au lieu du contraire comme voudrait le faire croire l'empilement des régulations prudentielles.

La baisse continue de la part des salaires dans la valeur ajoutée et la hausse de la fraction distribuée des résultats, présentées dans les graphiques ci-dessous, sont les deux versants d'une même réalité. On pourrait ajouter que ces deux tendances contribuent également à la sousoptimalité de la croissance, en pesant, aux deux extrémités de la chaîne (de valeur), sur la consommation et sur l'investissement.

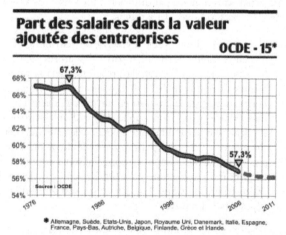

Fig. 3 – Part des salaires dans la valeur ajoutée des entreprises (source : OCDE).

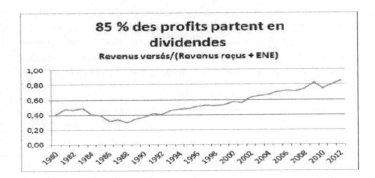

Fig. 4 – Part des profits distribués sous forme de dividendes
(source : Comptabilité nationale).

Mais le coût du capital, le fameux RoE[5], et le taux de dividendes, qui forment la trame de toute la théorie financière de l'entreprise, restent totalement absent du débat macro-économique[6]. La question qui mériterait d'être posée relève pourtant du simple bon sens : si les taux d'intérêts sont naturellement et durablement bas, le maintien à un niveau élevé du rendement du capital (*i.e.* des actions), peut-il vraiment être macro-économiquement neutre ? Dit autrement, le débat sur la « stagnation séculaire », initié par Larry Summers et Robert Gordon, ne devrait-il pas s'intéresser à la distorsion entre le « taux réel d'équilibre » et le RoE ex-ante ?

Ce primat de la valeur actionnariale peut de plus conduire à la schizophrénie. Prenons l'exemple d'un quinquagénaire cadre supérieur. D'un côté il voudrait bien voir ses enfants bénéficier d'une amélioration de leurs rémunérations et/ou de leurs conditions de travail et tremble devant les risques de délocalisation. De l'autre, ses préoccupations d'épargnant le poussent à d'endosser le costume de l'actionnaire qui se réjouit de la modération salariale (« les salaires ralentissent », le cri d'extase du financier de base) voire des « licenciements boursiers. »

---

5   Return on Equity. Rentabilité exigée par les actionnaires sur les investissements effectués par la firme. La Finance d'Entreprise repose sur le principe de sélection des investissements à partir des critères de rentabilité attendue (VAN et TIR).

6   Voir Cordonnier Laurent & Alii (2013).

Autre exemple, le même quinquagénaire en charge de ses parents arrivés au quatrième âge déplore la cherté et la médiocrité ds services aux personnes âgées et se réjouit en même temps de la performance astronomique des placements qu'il a réalisés dans les groupes spécialisés, tels qu'ORPEA qui a vu son cours multiplié par 17 entre 2003 et 2016.

LE PIÈTRE BILAN ÉCONOMIQUE
ET FINANCIER DE TRENTE-CINQ ANNÉES
DE NÉOLIBÉRALISME

La fin des utopies collectivistes et l'avènement de la Pensée Unique en matière économique ont coïncidé avec l'uniformisation culturelle à la surface du Globe et avec le rêve d'une uniformisation des régimes politiques. Ces convergences, réelles ou souhaitées, ont permis à certains d'affirmer que nous avions atteint, avec la démocratie représentative et le marché libre, le stade ultime de la civilisation (ou la fin de l'Histoire pour reprendre le titre du livre de Francis Fukayama). L'affirmation peut fait sourire ou irriter. Pour les anthropologues, ethnologues et nombre d'autres spécialistes des sciences sociales, elle est proprement ridicule, surtout si on la replace dans la perspective des deux cent mille ans d'histoire de l'espèce « Sapiens ». D'autant plus que cet hubris démesuré est sévèrement contredit par la réalité des faits économiques au niveau global et plus encore si l'on plonge dans le détail. Car une des failles de la représentation économique standard des faits économiques est qu'elle ne s'intéresse qu'aux moyennes (« Le consommateur américain ; L'épargnant européen ») alors que la réalité ne peut être sérieusement appréhendée qu'à travers la dynamique des distributions statistiques et les dispersions croissantes qu'elles révèlent. De plus, la période qui nous intéresse est aussi la plus riche en crises boursières de l'histoire.

LA CRÉATION DE RICHESSES

Le premier constat lorsqu'on étudie la performance économique mondiale des cinquante dernières années est que la croissance a été robuste et continue, à l'exception notable de la « Grande Récession » de 2008.

Cette croissance est le fruit des apports de ses deux contributeurs « naturels » que sont l'accroissement démographique (la population mondiale a plus que doublé passant de 3 à 7 Md d'habitants) et les gains de productivité. Elle se traduit notamment par une poussée régulière du commerce international qui représente désormais 25 % du PIB mondial

Si on y regarde de plus près on est toutefois frappé par le ralentissement marqué de la richesse produite par habitant, singulièrement dans les pays riches (membres de l'OCDE). Après avoir décliné, comme on l'a vu, pendant la stagflation, l'indicateur n'a connu qu'un maigre rebond avec le renouveau libéral avant de sombrer à nouveau avec la crise de 2007-2008. Les choses vont un peu mieux pour les pays émergents, qui prennent une part plus importante dans le partage de l'activité globale.

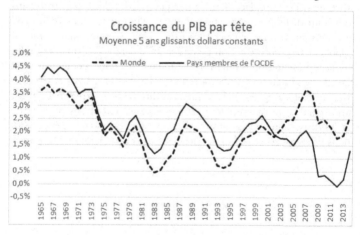

FIG. 5 – L'inexorable ralentissement de la croissance
(source : Banque mondiale).

Ce tableau déjà maussade s'assombrit dramatiquement si l'on passe de la création des richesses à leur répartition.

LE CREUSEMENT DES INÉGALITÉS

Longtemps totalement absent du débat économique, le sujet de l'aggravation des inégalités (de revenus et de patrimoine) à l'intérieur des États nations est devenu aujourd'hui une tarte à la crème, dans les champs académiques et médiatiques mais pas encore dans celui d'une la politique réelle toujours – ou nouvellement – accrochée à l'économie de l'offre. En 2007, deux hebdomadaires anglo-américains non suspects de penchants égalitaristes lui consacrait leur première page : l'anglais "the Economist" du 20 janvier 2007 (*"rich man, poor man"*) et l'américain Barron's du 22 janvier 2007 (*"rich America, poor America"*). En France, Nicolas Baverez, que l'on ne peut pas vraiment ranger dans le camp des « progressistes », écrivait dans le Monde du 7 février 2012 :

> La lutte contre les inégalités s'affirme donc comme l'une des clés de la sortie de crise…la survie du capitalisme universel se jouera dans sa capacité à répondre aux risques systémiques et aux inégalités qu'il génère.

Une mesure très parlante de l'inégalité des patrimoines consiste à rapporter la richesse moyenne (somme des patrimoines divisée par leur nombre) à la médiane (montant de patrimoine partageant également la population entre ceux qui détiennent plus et ceux qui détiennent moins). La signification de l'écart entre ces deux indicateurs apparaît dans l'anecdote suivante : cent personnes sont dans un bar. La moyenne et la médiane de leurs patrimoines sont égales et de 100 000 USD. Entrent Bill Gates et Warren Buffet. La moyenne monte à un milliard. La médiane ne change pas.

Le rapport entre les deux indicateurs est un révélateur pertinent de l'intensité des inégalités pour les différents pays de l'OCDE. La Suisse, qui enregistre le patrimoine moyen le plus élevé, affiche un patrimoine médian quasi identique, signe d'une richesse équitablement répartie, phénomène également observée en Norvège, autre pays « riche ». À l'inverse le ratio dépasse 6 aux États-Unis, recordman mondial des inégalités.

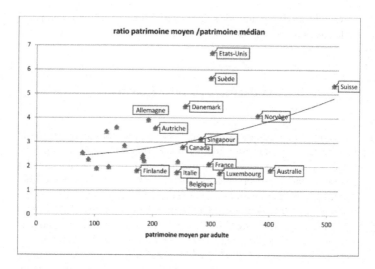

FIG. 6 – Richesse par adulte, 27 pays les plus riches
en termes de patrimoine individuel (2013)
(source : Crédit Suisse Wealth Report 2013).

La question de la déformation du partage des richesses est vraiment passée sous les feux de la rampe à l'été 2013 avec le livre de Thomas Piketty (2013), « le capital au XXIe siècle » et essentiellement grâce à l'accueil reçu par sa version américaine, malgré l'inclination hautement inégalitaire de ce pays.

THOMAS PIKETTY. LE CAPITAL AU XXIe SIÈCLE

Cet ouvrage imposant s'attache à montrer, à partir d'un travail statistique considérable mené sur plus de dix ans, l'importance de l'extrême concentration des patrimoines qui fait que les entrepreneurs finissent par se transformer en rentiers. Ce phénomène rejaillit sur la détention de la dette publique entre les mains d'une minorité de la population. La neutralité ricardienne[1] que les théories classiques attribuent à la dette disparait, du fait de cette hétérogénéité de détention, au profit (ou plutôt au détriment) de rétroactions sur l'économie réelle.

---

1   *Cf.* page 218.

La mise en perspective d'un siècle de données apporte surtout un démenti à Kuznets qui affirme que les écarts de revenus se creusent pendant la période de décollage industriel à haute intensité capitalistique et s'amenuisent à mesure que le capital humain devient prépondérant (la courbe « en cloche » dite Courbe de Kuznets). Or, de 1910 à 2010, les parts prises dans le revenu global par les déciles et centiles supérieurs décrivent une « courbe en U ». Elles connaissent un fort recul à la fin des années 1930 puis se stabilisent entre 1945 et 1980, avant de remonter jusqu'en 2007 à un niveau équivalent à celui observé avant la crise de 1929 et même de le dépasser en 2012 et 2014 pour les dix pourcents les plus riches.

Fig. 7 – Répartition des revenus (Données ENS Piketty Saez 2013).

Une des observations majeures de Piketty est que la réduction des inégalités dans les pays développés, pour l'essentiel, ne provenait pas des programmes du New Deal ou de ses équivalents européens. L'élimination des rentiers fut avant tout le produit des guerres et des politiques publiques mises en place à la suite de ces chocs. La reprise des fortes inégalités salariales, couplée aux réductions d'impôts, a renversé la vapeur à partir du grand tournant décrit au premier chapitre. En témoignent aussi l'effondrement de la valeur des transmissions de patrimoines après la guerre et sa remontée au XXIe siècle, autre signe de la financiarisation de l'économie.

L'autre constat, qui est un apport essentiel pour notre propos, est qu'« un écart en apparence limité entre le taux de rendement du capital et le taux de croissance peut produire à long terme des effets extrêmement puissants et déstabilisants sur la structure et la dynamique des inégalités dans une société donnée. »

La comparaison empirique des taux de croissance des bénéfices des firmes et du taux de croissance de l'économie valide ce constat. Car si un écart s'installe de manière permanente, le différentiel entre les revenus des patrimoines et ceux du travail va, par le jeu de la capitalisation, devenir considérable.

Sur ce point, les chiffres enregistrés aux États-Unis sont éloquents. Le différentiel de rythme de croissance entre les profits (4,3 %) et le PIB (2,56 %) signifie que la part des profits a quasiment doublé en un peu moins d'un demi-siècle.

Comme les bénéficiaires des hauts revenus sont aussi les plus gros détenteurs du patrimoine, les inégalités deviennent extrêmes. On en arrive alors à un régime économico-politique de type ploutocratique appelé Ploutonomie.

LA PLOUTONOMIE, ENTRE CYNISME ET AVEUGLEMENT (AU DÉSASTRE)

Partant d'une analyse des faits assez proche de celle de Piketty, qu'ils ont d'ailleurs soutenu dans la controverse sur ses calculs, des économistes de Citigroup[2] ont élaboré entre 2005 et 2007 une théorie du développement inégalitaire auquel ils ont donné le nom de *plutonomy*, en français plouto-économie ou ploutonomie.

Que dit en substance cette théorie ? Que l'économie mondiale traverse périodiquement des vagues de grande prospérité au cours desquelles les disparités de richesse se creusent fortement, dans certains pays, pour un ensemble de raisons tenant pour l'essentiel à la captation des fruits du progrès (scientifique et technique) par les fractions de la population les mieux armées, en capital et en savoir.

La ploutonomie décrit-elle une nouvelle ère ou n'est-elle que la théorisation opportuniste de la récurrence d'une phase spécifique – et

---

2   Kapur Ajay. 2005. La première apparition de ce terme serait attribuée à l'économiste oublié Jean Antoine Robert-Guyard dans son ouvrage « De la richesse ou essai de ploutonomie », publié en 1841 !

extrême – du balancier économico-social, comme la Nouvelle Économie le fut pour l'amplification, par la sphère financière, des grandes avancées technologiques, jusqu'au délire ?

Le point intéressant est que les antécédents historiques invoqués, bien que s'étendant sur des périodes longues et, pour les plus anciennes, imprécises, ont en commun de s'être achevées par des débâcles économiques et/ou financières : l'Espagne du XVIᵉ siècle, la Hollande du XVIIᵉ, la reconstruction américaine de la fin du XIXᵉ (le *"gilded age"*) et pour finir les années 1920 (*"roaring twenties"*) sont autant connues pour leur prospérité que pour les paniques financières par lesquelles elles se conclurent.

L'énoncé des conditions favorables à l'essor de la ploutonomie présente d'ailleurs des ressemblances troublantes avec celui formulé par Hyman Minsky (1986) à propos de la formation des bulles et des paniques :

Ploutonomie	Euphorie financières (Minsky)
Vague de changement économique politique et social	Changement d'état Contagion de l'euphorie
Fascination pour la technologie	Révolutions technologique de portée universelle (*pervasive*)
Rôle de la finance créative	Crédit, expansion monétaire, innovation financière
État de droit	
Gouvernement et Banque centrale coopérant	Complaisance générale, prêteur de dernier ressort

FIG. 8 – Ploutonomie et Euphorie financière.

Outre qu'elle surprend par la violence implicite de son darwinisme extrême appliqué à l'ordre social, (la « rationalité des riches »), cette approche renvoie à la question déjà évoquée de la compatibilité de l'ultra-libéralisme qui la sous-tend avec la démocratie : la ploutonomie, l'économie des riches pour les riches contre le gouvernement du peuple pour le peuple.

Fidèle à la doxa libérale, cette théorie n'accorde aucune place aux facteurs antagonistes qui pourraient naître de l'extrême concentration des richesses. À nouveau, seuls des facteurs externes, de nature politique (nationalisations, relèvement des impôts, protectionnisme), seraient de nature à entraver le modèle.

LA THÉORIE DU RUISSELLEMENT
(*TRICKLE DOWN ECONOMY*)

On ne peut clore cette évocation des inégalités sans s'arrêter quelques instants sur la théorie en vertu de laquelle les revenus des individus les plus riches finiraient toujours par être réinjectés dans l'économie, contribuant ainsi à la prospérité générale par le biais de l'activité en général et de l'emploi en particulier. Le qualificatif de théorie est, en apparence au moins, abusif car on quitte ici le champ de la science économique pour aborder celui du discours politique et des arguments avancés pour abaisser ou supprimer les salaires minima ou pour légitimer l'abaissement des impôts sur les hauts revenus, jusqu'au point où la progressivité de l'impôt s'inverse pour les très hauts revenus et patrimoines.

Ce discours, qui ignore des phénomènes aussi avérés que l'autonomisation des sphères immobilières et financières, et que d'aucuns considèrent même comme un simple faux-nez de l'économie de l'offre, paraît relever in fine de l'«économie vaudou», label dont le colistier GW Bush senior affubla les « *reaganomics* » (la politique de réduction d'impôts et d'augmentation des dépenses militaires de Ronald Reagan). On peut verser à ce débat ce passage de la première encyclique *Evangeli Gaudium* du Pape François (novembre 2013) :

> Certains défendent encore les théories du ruissellement qui supposent que chaque croissance économique, favorisée par le libre marché, réussit à produire en soi une plus grande équité et inclusion sociale dans le monde. Cette opinion, qui n'a jamais été confirmée par les faits, exprime une confiance grossière et naïve dans la bonté de ceux qui détiennent le pouvoir économique et dans les mécanismes sacralisés du système économique dominant.

Que le creusement des inégalités soit un effet collatéral conjoint de la mondialisation et du progrès technique ou un choix politique délibéré (les travailleurs pauvres à l'allemande) est une question que l'on peut laisser ouverte. L'important est que le fait est aussi indéniable que ses conséquences : le phénomène inégalitaire est le fondement du surendettement par lequel arrive la crise financière et il est très vraisemblablement la cause fondamentale de la « stagnation séculaire » à laquelle est confrontée aujourd'hui l'économie mondiale.

LA MONTÉE INEXORABLE DE L'ENDETTEMENT GLOBAL

Le fait macroéconomique marquant de la période est l'augmentation constante de l'endettement global (État, ménages, entreprises non financières et financières), y compris et surtout après la crise de 2008. Si certains déclinistes patentés n'ont pas hésité à qualifier ces années, pour la France, de « trente piteuses », le bilan mondial n'est guère plus glorieux. Depuis la crise, l'endettement global n'a cessé de progresser, à une vitesse supérieure à la croissance, au niveau mondial. Deux documents, l'un émanant en 2014 de l'International Center for Monetary Studies[3] et l'autre en 2015 du McKinsey Global Institute[4] montrent que même s'il a brièvement décéléré, l'endettement global a continué de progresser après 2007, dans l'absolu et relativement au PIB, dans le monde.

L'endettement global regroupe la dette des administrations publiques et des collectivités territoriales avec celles des agents privés, entreprises financières et non financières et ménages.

Figure 1.1 World debt
World total debt ex-financials (% of GDP)
215
210
205
200
195
190
185
180
175
170
165
160
01 02 03 04 05 06 07 08 09 10 11 12 13
Source: Authors' calculation based on OECD, IMF and national accounts data. See Data Appendix at the end of the report.

FIG. 9 – Dette mondiale (source : McKinsey Global Institute).

3 Buttiglione Luigi. & ali. 2014.
4 McKinsey Global Institute 2015.

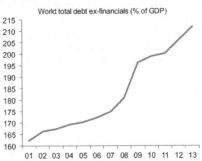

Après 2009, cette forte accélération du taux d'endettement concerne aussi les pays émergents, principalement par la contribution des agents privés.

LES PERFORMANCES BOURSIÈRES

La période précédant celle qui nous intéresse restera comme celle de la plus forte hausse continue enregistrée sur les marchés d'actions. La bourse américaine (prise comme référence parce qu'elle n'est pas influencée par de multiples crises de change comme ses homologues européennes) a progressé de 1 400 % entre août 1982 et mars 2000, soit un rendement hors dividende de 16 % par an pendant 17 ans !

C'est en revanche un tout autre tableau, dominé par l'instabilité, qu'offrent les vingt dernières années. Point culminant de l'instabilité boursière, le mois de septembre 2008 a enregistré une baisse hebdomadaire de l'Eurostoxx 50 qui, aux termes de la loi normale qui régit les modèles d'options mis au point par les « prix Nobel » Myron Scholes et Robert Merton (la fameuse formule de Black & Scholes), avait une probabilité d'occurrence de 10^{-22} !

Globalement, sur ces vingt ans, les rendements boursiers (toujours hors dividendes) sont médiocres, seule la Chine faisant encore bonne figure mais avec une volatilité terrifiante.

	S&P 500	EurostoXX	Nikkei	Shangaï
Rendement annualisé	5,88 %	3,63 %	1,45 %	7,37 %
Volatilité mensuelle	15,5 %	19,0 %	20,0 %	28,7 %

FIG. 10 – Performances boursières 1996-2016.

BREF HISTORIQUE DES CRISES FINANCIÈRES

À ces trajectoires économiques mitigées répond une instabilité financière qui n'a fait qu'augmenter dans le temps. En dépit d'un contexte désinflationniste favorable (y compris dans le monde émergent dès la fin des années 90) et d'une démilitarisation relative (« les dividendes de la paix ») pas moins de huit crises financières majeures jalonnent les trente-cinq dernières années[5]. Faut-il souligner qu'a contrario, aucune crise de grande ampleur ne s'était produite entre 1945 et 1971, date de la fin de la convertibilité du dollar.

Si certaines de ces crises ont été « périphériques », les plus récentes ont touché le cœur des pays avancés, les États-Unis en 2008, la zone euro en 2011-2012. Ces crises sont bancaires, cambistes, boursières ou multiformes. Elles partagent pour la plupart une origine bancaire sous forme de sur-financement conduisant à des prises de risque excessives. Le facteur déclenchant peut alors être une dévaluation, qui fait sortir brutalement les capitaux instables ou un durcissement de la politique monétaire.

1982 – Crise des Pays en Voie de Développement. C'est une crise de sur-financement bancaire lié au réemploi des pétro-dollars issus des relèvements du prix du baril dans la décennie 1970. Les pays endettés à taux variable et à fort déficit de balance courante sont pénalisés par le relèvement des taux opérés par Paul Volcker (cf. le chapitre consacré à l'action des banques centrales). Le Mexique fait défaut en août 1982. Le plan Brady ne permettra de réorganiser définitivement le système financier mondial qu'en 1989.

1987 – Krach de Wall Street. Le 19 octobre la bourse américaine qui a monté quasiment sans interruption pendant un an en ignorant une remontée de 4 % des taux obligataires et le conflit transatlantique qui déchire le marché des changes s'effondre en une seule séance comme

---

5   André Orléan décompte 124 crises bancaires, 208 crises de change et 63 crises de dettes souveraines entre 1970 et 2007 (Le Monde, 29 mars 2010). Le FMI quant à lui annonce sur la même période. 208 crises financières, 145 crises bancaires et 72 crises de dettes souveraines. Depuis la crise des tulipes (1637) il relève 48 crises majeures.

un élastique qu'on a tiré à l'extrême et qui rompt brutalement. Pour la première fois les nouveaux produits financiers sont directement mis en cause. C'est le « *program trading* » qui a amplifié la chute en ajustant en temps réel la couverture des ventes d'options : plus le marché baisse, plus il faut vendre, le principe de retour à l'équilibre par la loi de l'offre et la demande ne fonctionne plus.

1989 – Crise des Junks bonds. Littéralement « obligations pourries », les *junk bonds* sont des obligations émises par des entreprises présentant des situations financières difficiles. Les *junk bonds* constituent un archétype d'innovation financière malfaisante, à base de levier (rapport fonds empruntés/capital propre) et de délit d'initié. Les principaux acteurs de ce marché seront condamnés après la faillite de la firme Drexel Burnham Lambert[6].

1989 – Retournement de la bulle immobilière et boursière japonaise. À la fin des années 1980 le Japon connait une véritable euphorie fondée sur le succès de ses entreprises (*Keiretsu*) qui ont conquis notamment le monde de la « high tech » et celui de l'automobile. Les prix de l'immobilier et la bourse s'envolent au point que la capitalisation boursière, qui a triplé entre 1985 et fin 1989, représente un tiers du total mondial. La Banque du Japon fait littéralement exploser la bulle en resserrant la politique monétaire. Après un plus haut à 39 000 Yens fin décembre 1989, l'indice Nikkei baisse de 50 % en 1990. Vingt-cinq ans plus tard, l'indice végète dans la zone des 15 000 Yens tandis que l'immobilier résidentiel vaut à peine 40 % de son prix au sommet de la bulle.

1992 – Crise du SME. En septembre, alors que la lire italienne vient de dévaluer et que le prochain referendum français sur l'adoption du traité de Maastricht soulève des inquiétudes, le financier américain d'origine hongroise George Soros prend la tête d'une attaque spéculative de grande ampleur contre la Livre Sterling. Pour diverses raisons, dont une bonne part d'orgueil national, les cours pivots de la Livre ont été fixés à des niveaux notoirement surévalués contre la devise phare du SME, le Deutschemark. Cette surévaluation coûte très cher au Royaume-Uni, à la fois en termes de compétitivité de son industrie et au plan monétaire, car elle oblige la Banque d'Angleterre (BoE) à maintenir des taux d'intérêt anormalement élevés pour soutenir la devise, ce qui aggrave les difficultés conjoncturelles. Cas unique

---

6   Nora Dominique 1989.

dans l'histoire, cette attaque explicite menée ouvertement par un opérateur privé contre la Banque centrale d'une grande puissance industrielle va réussir. Le 16 septembre, la Livre est dévaluée et elle sort du SME (qu'elle ne réintègrera jamais, écartant de fait toute possibilité d'adhésion à l'euro lors de sa création).

1997-1998 – Crise multiple du monde émergent. À l'été 1997 les autorités thaïlandaises mettent fin au lien fixe (*peg*) entre le Bath et le dollar. Cette dévaluation entraine une sortie massive des capitaux à très court terme qui ont afflué dans la région et financé des montagnes d'investissements non rentables. La crise se propage aux pays voisins, Indonésie, Taiwan, Corée et fait chuter sévèrement les bourses. Cette crise se propagera ensuite à la Russie, avec une chute brutale du rouble, puis au Brésil. Dans tous ces cas des interventions massives du FMI seront nécessaires pour mettre fin au désordre monétaire et boursier. Ces interventions seront accompagnées de préconisations fortes (« le consensus de Washington ») qui détermineront le comportement des pays émergents dans le cadre de la globalisation (priorité aux exportations, maintien de la sous-évaluation des monnaies, accumulation de réserves de change de précaution) et participeront des grands déséquilibres de l'économie mondiale. Ces années noires se termineront par la faillite du *hedge fund* LTCM, managé entre autres par les deux fondateurs de la théorie des options déjà cités, et engagé dans des opérations d'arbitrages impliquant les dettes des pays émergents, en particulier la Russie, avec des leviers insensés (x100). Le sauvetage du fonds par les principales *Investment banks* américaine sous l'égide de la Réserve fédérale donnera un formidable essor à l'aléa moral incarné par la théorie *du « too big to fail »*, littéralement trop gros pour (qu'on le laisse) tomber, que l'on pourrait aussi intituler le « renversement de la théorie des dominos ». (*cf.* encadré page 122)

2000-2001 – Éclatement de la « bulle techno » ou « bulle Internet ». Une fois les crises des pays émergents résolues, les marchés boursiers s'envolent à nouveau, portés par la révolution des NTIC et l'apparition de nouveaux acteurs prometteurs, dans les systèmes (Cisco) les semi-conducteurs, les médias (Amazon), Yahoo etc. La bulle revêt ici toutes les caractéristiques décrites par Kindelberger (1978) notamment le fait que l'innovation se répand en même temps que les histoires de gains miraculeux pour créer un véritable délire boursier. Les firmes nouvelles sont évaluées sur la base de la capitalisation des budgets publicitaires et grandissent grâce à des montages financiers pour le moins scabreux qui déboucheront sur des méga fusions suivies de « *write–off* » tout aussi gigantesques. La bulle éclate le 24 mars 2000 simplement par saturation, avec comme seul catalyseur une déclaration de prudence de Mme Abby Cohen[7], alors que la Fed a procédé début février, à sa quatrième hausse de taux depuis juin 1999. Le Nasdaq et l'indice des semi-conducteurs perdront en deux ans plus de 80 % de leur valeur de mars 2000.

La dernière crise en date est celle des subprimes (2007/2008) et de la dette souveraine de la zone euro. Si on en juge par la poursuite des politiques monétaires non conventionnelles, elle est loin d'être achevée. Elle a débouché sur un recul de la production jamais vu depuis la Grande Dépression avec des baisse du PIB, en 2009, de 5 % en Allemagne, 4 % sur la zone euro et 3 % aux États-Unis. L'étude de cette crise fait l'objet de la deuxième partie.

---

7   Stratégiste emblématique de Goldman Sachs.

DEUXIÈME PARTIE

RADIOGRAPHIE D'UNE CRISE

Celui qui croit qu'une croissance expo-
nentielle peut continuer indéfiniment
dans un monde fini est soit un fou, soit
un économiste.
Kenneth BOULDING

La théorie, c'est quand on sait tout et
que rien ne fonctionne. La pratique, c'est
quand tout fonctionne et que personne
ne sait pourquoi. Ici, nous avons réuni
théorie et pratique : Rien ne fonctionne…
et personne ne sait pourquoi !
Albert EINSTEIN

INTRODUCTION

Le grand désordre financier a incontestablement commencé avec l'éclatement de la bulle technologique le 23 mars 2000. L'hystérie financière qui avait accompagné le délire de la Nouvelle Économie répondait à la première vague d'angoisse des papy-boomers. S'en est suivi un enchaînement bulle –krach parfaitement conforme au scénario en cinq étapes décrit par Minsky (*op. cit.*).

Cette crise boursière, aggravée par les évènements du 11 septembre 2001 puis en 2002 par la découverte des dérives managériales (Enron, World Com, Vivendi), n'a eu que des effets limités au plan économique, au point que l'on a pu parler d'une récession brève et douce (« *short and mild* »). C'est en fait la résolution de cette crise et le rebond de la croissance, quoiqu'elle ait été fort peu créatrice d'emploi (« *jobless recovery* »), qui ont mis en place les conditions de la suivante, soigneusement dissimulées sous les apparences de la « Grande modération ». De 2002 à 2007, l'économie américaine et, dans son sillage, quasiment toute l'économie mondiale ont connu une croissance sans heurts et sans inflation, jusqu'à ce que le retournement du marché immobilier américain vienne écrouler le château de cartes et déclencher la crise qui perdure.

Contrairement à ce que prétend le récit commun, qui la fractionne en épisodes indépendants, affublés de causes exogènes spécifiques, la crise économique et financière qui s'étend de 2006 à aujourd'hui, est en effet une crise unique. Elle a puisé ses racines dans l'aggravation des déséquilibres de l'économie réelle, en amont du système bancaire. Après avoir sévèrement ébranlé celui-ci, elle s'est transportée vers la dette publique, jusqu'à la crise grecque de 2015. Elle se prolonge par l'anomalie des taux nuls ou négatifs. En l'absence de changements radicaux, la prochaine étape sera inévitablement sa propagation au dernier bastion du système, c'est-à-dire aux Banques centrales elles-mêmes.

La crise était – et reste – en dehors du champ d'analyse des théoriciens orthodoxes qui ne s'intéressent guère aux conditions de financement de l'économie et aux interactions entre sphère réelle et sphère financière. Pourtant, au rebours de la version « officielle », le volet bancaire de la crise ne peut en aucun cas être imputé aux seules erreurs et inconduites de la profession, même si celles-ci l'ont incontestablement amplifiée. De même, l'explosion de la dette publique n'a pas eu pour cause principale l'indiscipline budgétaire, en dépit du laxisme évident de certains gouvernements.

La crise était prévisible à condition de porter un regard critique sur la reprise de l'économie américaine entre 2003 et 2006, au lieu de l'encenser béatement. De fait, elle n'a été annoncée que par la poignée d'économistes et de stratégistes financiers non-conformistes qui pensaient que l'instabilité est une caractéristique inhérente de la sphère financière, que l'innovation et la dérégulation avaient singulièrement accrue.

Le défaut général de prévision aurait normalement dû susciter des réflexions sur la validité de la pensée économique et déboucher sur un renouvellement des hommes et des idées. Au lieu de réformes en profondeur, dont quelques-unes furent brièvement esquissées et aussitôt abandonnées, on a vu les États-Unis repartir dans un nouveau « *rally* » boursier en dépit d'une reprise « mollassonne » sous perfusion des prêts étudiants (« *students loans* ») et des subprimes de retour, cette fois sur les crédits auto. Au même moment, les politiques d'austérité expansive (sic) s'employaient à asphyxier l'Europe tandis que les derniers bastions de la social-démocratie cédaient ouvertement à la tentation néo-conservatrice (*cf.* l'adhésion tardive du gouvernement Hollande-Valls à l'économie de l'offre), avec le résultat que l'on connaît, croissance atone, emploi sacrifié à travers le chômage et l'apparition des « travailleurs pauvres » etc.

LA CRISE UNIQUE
DE L'ÉCONOMIE PATRIMONIALE
(*ASSET BASED ECONOMY*)

Bien que les contempteurs de la sphère publique s'obstinent à faire croire le contraire, les évènements de 2007-2008 et 2010-2015 ne sont que deux épisodes consécutifs de la crise unique de l'économie patrimoniale, reliés par le retour en force des États pour sauver le système. Comme les précédentes, cette crise du capitalisme a pris naissance dans les excès du système de prêts, en l'occurrence ceux mis en place pour nourrir la consommation américaine après le crash de la « Nouvelle Économie ». Un petit détour théorique est nécessaire pour en comprendre le mécanisme.

LE CRÉDIT DANS L'ÉCONOMIE TRADITIONNELLE
ET LA DÉSINTERMÉDIATION BANCAIRE

À côté du crédit distribué dans le cadre de l'intermédiation entre détenteurs d'épargne et demandeurs d'encaisses, les banques commerciales créent, à travers les crédits qu'elles consentent, la monnaie nécessaire à la marchandisation des productions nouvelles résultant des gains de productivité et de la croissance démographique (« *loans make deposits* »). Le remboursement du crédit sera réalisé grâce l'augmentation des revenus et des échanges consécutive à la mise en œuvre des investissements.

Les Banques centrales (ne) jouent dans ce système (que) le rôle de régulateur de l'augmentation de la masse monétaire, en intervenant soit quantitativement (encadrement du crédit et/ou réserves obligatoires) soit par l'intermédiaire du taux directeur, pour encourager ou dissuader les banques d'octroyer de nouveaux prêts.

La désintermédiation bancaire, à partir des années 1980, a vu une grande part du rôle dévolu aux banques dans cette première forme de crédit transférée aux marchés. Les différents types de titres négociables (TCN) et les cadres juridiques de leur détention (OPCVM, Assurance-vie) ont permis à chaque catégorie d'agent de lever des capitaux auprès des épargnants. La titrisation des crédits à la consommation et des financements hypothécaires (voir encadré ci-dessous) a parachevé cette évolution vers un circuit de financement mixte –banques et marchés – de l'économie en y incluant les particuliers.

L'ÉCONOMIE PATRIMONIALE

Au cours des années 2000 s'est développée une forme nouvelle de crédit fondée non plus sur les revenus attendus mais sur l'augmentation du prix des actifs apportés en garantie des prêts (« collatéralisation »). La hausse des prix de l'immobilier a, aux États-Unis, constitué la principale contrepartie de ce type de prêts, d'une part avec les *« home equity loans »*, littéralement « prêt sur la part de l'augmentation de la valeur de la maison revenant au propriétaire[1] », et, d'autre part, avec la distribution sur grande échelle des fameux subprimes.

S'inscrivant dans le projet de Société de propriétaires (l'*ownership society* de GW Bush), cette fuite en avant par le crédit était destinée à entretenir un rythme de croissance qui aurait été inatteignable par le jeu des seuls revenus[2]. Les prêts distribués créaient un pouvoir d'achat supplémentaire, adossé à l'espoir d'enrichissement des débiteurs, celui-ci étant supposé se poursuivre indéfiniment. Et c'est précisément parce qu'il reposait sur ce principe d'enrichissement perpétuel que ce mécanisme fut le moteur parfait pour la constitution d'une bulle.

Cette manne « artificielle », estimée à 2 500 Md USD[3] entre 2002 et 2005 soit près de 7 % du revenu net disponible, a profité à un

---

1   Sa version française, dite « réserve hypothécaire », faisait partie du programme présidentiel de Nicolas Sarkozy en 2007. Elle ne vit évidemment jamais le jour.
2   La reprise des années 2000 aux États-Unis créa beaucoup moins d'emplois que lors de précédents cycles. Elle fut même qualifiée de « Jobless and incomeless recovery »
3   Greenspan Alan and Kennedy James (2007).

consommateur américain déjà passablement endetté[4]. Le rapport entre l'encours d'endettement et le revenu annuel qui était de 15 % en 1965 a quasiment doublé en un peu plus de cinquante ans, l'essentiel de la hausse intervenant après 1995.

FIG. 11 – Endettement des ménages rapporté à leurs revenus (source Rexecode).

Cet apport lui a permis de tirer la croissance mondiale (notamment chinoise) en attendant l'hypothétique relais des classes moyennes des pays émergents. Elle a constitué la pièce maitresse d'un mécanisme de création monétaire pure nécessaire pour compenser l'insuffisance de revenus provoquée par la globalisation. Elle a permis d'entretenir l'illusion que la globalisation n'avait pas d'impact sur le niveau de vie des pays avancés... Jusqu'au renversement de tendance des prix des maisons, qui a pris rapidement des allures de crash. Et provoqué un effondrement de l'activité de construction.

---

4   À la différence du système français, où elles ne sont que des cartes de paiement à léger différé, les cartes de crédit américaines fonctionnent sur le principe du crédit revolving.

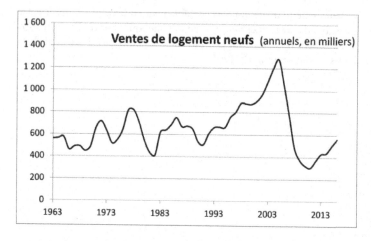

FIG. 12 – Le crash du marché immobilier américain
(source : US Census Bureau).

Alors que l'Espagne et à un degré moindre le Royaume-Uni et
l'Irlande répliquaient le modèle américain, la France a choisi elle-aussi de
privilégier la consommation privée mais en restant fidèle à sa politique
de soutien par la dépense publique (redistribution). Seule l'Allemagne
a conservé et même renforcé sa politique mercantiliste, orientée non pas
vers la consommation intérieure mais vers les exportations et appuyée
sur la qualité des produits, la discipline citoyenne et le jeu des monnaies
(l'euro fort pour acheter matières premières et main d'œuvre à l'extérieur
et pour exporter à taux de change fixe à l'intérieur de la zone euro).

L'ÉCONOMIE PATRIMONIALE,
TERREAU PRIVILÉGIÉ DES BULLES SPÉCULATIVES

QU'EST-CE QU'UNE BULLE SPÉCULATIVE ?

Dans un article publié en 2004 et consacré aux bulles financières j'ai développé une réplique à l'idée propagée notamment par Alan Greenspan selon laquelle les bulles ne sont pas détectables et qu'il n'est pas possible de les enrayer. La première étape de ce travail a consisté à préciser la notion de bulle spéculative[5].

> Une bulle spéculative est définie de plusieurs manières. On peut d'abord la considérer comme une phase pendant laquelle les prix négociés s'affranchissent de leurs relations habituelles avec les données économiques et s'inscrivent dans une tendance fortement haussière.
>
> C'est ensuite une période pendant laquelle les rendements attendus des actifs sont de plus en plus déterminés par la plus-value espérée et de moins en moins par les revenus naturels, loyers, dividendes et coupons. Cette définition correspond aux modèles de bulles rationnelles basés sur les anticipations auto-réalisatrices et développés principalement à partir de Blanchard (1979). Elle se rattache plus généralement à l'approche cognitive des comportements de marché, fondée sur les conventions d'évaluation et le mimétisme des opérateurs.
>
> Une troisième caractéristique est que c'est une phase où l'acquisition à crédit d'actifs risqués augmente de façon démesurée. On retrouve ici le rôle majeur de l'endettement dans les cycles économiques et boursiers selon le point de vue développé par Minsky.
>
> On peut aussi analyser les bulles comme des moments particuliers où la fonction de rappel vers l'équilibre, qui est à la base du fonctionnement du marché concurrentiel, ne joue plus son rôle.
>
> Ainsi, une bulle immobilière se forme lorsque la hausse du prix du mètre carré se déconnecte de celle des revenus des ménages, repose sur un endettement croissant et ne s'accompagne pas d'une hausse simultanée de même ordre des loyers.

En appliquant cette grille de lecture j'ai eu l'honneur, en juillet 2005, d'une pleine page du quotidien l'AGEFI dont le titre prémonitoire était : « y-a-t-il une bulle immobilière aux États-Unis » ?

---

5   Ninet Jacques 2004.

COMMENT LES BULLES FINISSENT-ELLES ?

Une économie dont la croissance est basée sur la distribution de monnaie en contrepartie de la hausse du prix des maisons est clairement une économie de bulle. Ma divergence de vue avec certain confrère qui pensait début 2007 que « *cette économie de bulle se portait bien* » est qu'un tel système est voué immanquablement à s'effondrer parce que les bulles finissent toujours par des krachs. Au dicton populaire qui nous prévient que « les arbres en montent pas jusqu'au ciel » s'ajoute le non moins fameux « plus dure sera la chute ».

	semaines	années	Gain (en multiple)	Rendement annuel	Volatilité hebdomadaire
Nikkei 1965-1989	1302	25,04	30,44	14,63 %	14,4 %
Hong Kong 1984-2007	1244	23,92	33,50	15,82 %	26,00 %
Nasdaq 1985-2000	757	14,56	42,40	29,40 %	22,10 %
CAC40 1988-2000	659	12,67	7,43	17,17 %	19,20 %
Or 2001-2011	551	10,60	7,11	20,37 %	18,40 %
Dow Jones 1921-1929	415	7,98	3,80	23,51 %	15,30 %
Pétrole 2002-2008	338	6,50	8,06	38,00 %	34,00 %
Semi-Conducts 1995-2000	306	5,88	11,32	51,25 %	37,70 %

FIG. 13 – Les plus belles bulles financières de l'ère industrielle (calculs et graphique de l'auteur).

Le graphique ci-dessous retrace la progression des indices boursiers, à partir d'une base 100, sur la séquence qui va du précédent point bas jusqu'au sommet de la bulle.

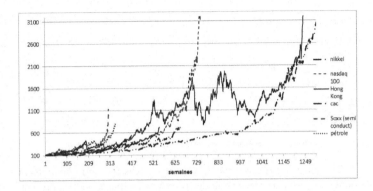

Fig. 14 – La dynamique des bulles financières.

Dans le domaine financier, quelques exemples célèbres illustrent cette double maxime. Un travail de statisticien portant sur les huit marchés où se sont formées les bulles les plus célèbres a permis de mettre en évidence le caractère implacable de la séquence « chandelle »/crash. Pour tous les cas étudiés, les hausses se terminent avec la vitesse (le rendement périodique) la plus élevée (seul le CAC ne termine pas son *rally* en accélération, le « top final » étant formé en septembre 2000, soit six mois après tous les autres marchés de l'époque).

En reclassant les *« bull markets »* par rendement annualisés décroissants, on s'aperçoit que la hiérarchie des chutes subséquentes est, grosso modo, similaire (le krach 1929-1932 excepté).

	BOOM	BUST			
	Rendement annuel	semaines	années	perte totale	Volatilité hebdomadaire
Semi-Conducts 2000-2002	51,25 %	135	2,59	-84,1 %	65 %
Pétrole 2008	38,00 %	25	0,48	-79,2 %	81 %
Nasdaq 2000-2002	29,40 %	133	2,56	-83,1 %	48 %
Dow Jones 1929-1932	23,51 %	149	2,87	-89,2 %	39 %

Or 2011	20,37 %	94	1,81	-36,5 %	20 %
CAC40 2000-2002	17,17 %	131	2,52	-62,3 %	27 %
Hong Kong 2007-2008	15,82 %	52	1,00	-65 %	38 %
Nikkei 1989-1992	14,63 %	138	2,65	-63,2 %	25 %

FIG. 15 – Les krachs les plus sévères (calculs de l'auteur).

Les bulles se terminent toujours par des krachs parce qu'à un moment donné le déficit de revenu réel des portefeuilles (par rapport au revenu implicitement attendu) est brutalement pris en compte par le marché (l'effondrement des délires de « la nouvelle économie », les impayés des subprimes). L'idée centrale est que le marché monte tant que les opérateurs croient à l'existence d'au moins un acheteur supplémentaire, qui lui-même pense qu'il n'est pas le dernier, et donc qu'il y a toujours un espoir de plus-value. C'est le principe de spécularité explicité par Keynes avec son concours de beauté. La poursuite de la hausse auto-entretient l'accélération par effet de « *panic buying* » (achat de panique car « il n'y en aura pas pour tout le monde »). Lorsque le dernier acheteur marginal a effectivement acheté, la hausse s'interrompt, ce qui dissipe les espérances de gains supplémentaires. Des ordres de vente commencent alors à arriver qui à leur tour entraînent une spirale auto-réalisatrice d'évanouissement des plus-values latentes, qui en s'accélérant provoque le crash.

UNE CRISE PRÉVISIBLE
MAIS NON PRÉVUE

L'INCRÉDULITÉ DE SA MAJESTÉ

En visite à la *London School of Economics* en novembre 2008, la Reine d'Angleterre demanda pourquoi si peu d'économistes avaient vu venir la crise. Elle devait récidiver quatre ans plus tard en interpellant sévèrement les autorités de régulation à l'occasion d'une visite à la Banque d'Angleterre.

La quasi-totalité des experts avaient en effet prévu, à la fin 2007 que les marchés d'actions monteraient en 2008, en considérant que la crise des *subprimes* ne concernait qu'un segment très limité de l'endettement des ménages américains (« une fracture profonde mais très mince », pour reprendre l'image de l'un de ces prévisionnistes). Les mêmes pronostiquaient encore à la mi-juin 2008 une fin d'exercice relativement bénigne, Abby Cohen n'hésitant pas à estimer la *fair value* du S&P 500 à 1 500 pts[1]. À la clôture au 31 décembre 2008, l'indice valait 903 pts après un plus bas en novembre à 741 !

La réponse honnête et sincère à sa Majesté aurait pu tenir en quelques points :

— La théorie économique à laquelle nous adhérons et sur laquelle étaient fondés nos modèles de prévision ignorait le concept de crise endogène. Nous pensions à tort que les marchés sont efficients et s'autorégulent et qu'ils ne peuvent donc produire de sur- ou sous-valorisation et encore moins de bulle. Par conséquent l'instabilité financière ne pouvait provenir que de chocs exogènes ou d'erreurs de pilotage ou encore de fraudes.

---

1   Les pronostics des douze stratégistes réunis par Barron's aux premiers jours de janvier 2008 étaient, comme ceux de 2007, unanimement positifs (progression moyenne de 11,5 %) et parmi les plus homogènes depuis le début de la décennie.

— Notre approche du risque bancaire était « micro-pruden-
tielle », c'est-à-dire qu'elle n'intégrait pas les phénomènes de
propagation mimétique, de contagion et de réflexivité. Nous
étions convaincus que des difficultés sur un segment bancaire
pourraient être confinées.

La British Academy adressa six mois plus tard à sa Majesté le fruit des
réflexions d'un séminaire réunissant les meilleurs spécialistes britanniques.
Ce texte est proprement sidérant. Il ne comporte aucune réflexion critique
sur les fondements de la science économique telle qu'elle est pratiquée, ni sur
les causes et conséquences des déséquilibres macroéconomiques. Le défaut de
prévision n'était en fait attribuable qu'à un problème comportemental, un
manque d'imagination collective pour appréhender les risques globalement !

> *So in summary, Your Majesty, the failure to foresee the timing, extent and severity of*
> *the crisis and to head it off, while it had many causes, was principally a failure of the*
> *collective imagination of many bright people, both in this country and internationally,*
> *to understand the risks to the system as a whole.*

> « Donc, en résumé, Votre Majesté, l'incapacité à prévoir le moment, l'ampleur
> et la gravité de la crise, alors qu'elle avait de nombreuses causes, fut principa-
> lement une défaillance de l'imagination collective de nombreuses personnes
> brillantes, à la fois dans ce pays et au niveau international, pour comprendre
> les risques du système dans son ensemble ».

Le dernier chapitre de notre troisième partie sera consacré à l'étonnante
confession publiée en octobre 2015 par un groupe composé principalement d'ex-banquiers centraux, document qui, enfin, explique pourquoi
et comment ils se sont trompés collectivement[2].

LES MARCHÉS NE S'AUTORÉGULENT PAS

La faiblesse de la théorie dominante est qu'en ignorant les phénomènes comportementaux, elle peut s'accrocher à sa croyance dans
l'autorégulation des marchés financiers. Au contraire, en considérant

---

2   Sur l'imprévisibilité de la crise, voir aussi le rapport annuel 2015 de la BRI.

que l'on ne peut vraiment attendre de comportements déterminés par l'intérêt immédiat et qui répondent aussi à des impératifs non rationnels qu'ils s'autorégulent[3], les penseurs non orthodoxes, de Keynes à Minsky, en passant par Galbraith, Kindelberger, Roubini, Keen et quelques autres, ont conclu depuis longtemps que les marchés financiers peuvent créer leur propre instabilité, comme les faits l'ont maintes fois confirmé. Des observateurs un peu moins savants mais attentifs aux évènements dont ils étaient acteurs, comme l'auteur de ces lignes, ont acquis la conviction que l'instabilité financière était inhérente au système lui-même et que sa globalisation et sa sophistication ne feraient qu'en augmenter l'entropie. En juillet 2007 j'ai proposé de titrer la chronique mensuelle (fil conducteur) de Sarasin France par un pseudo-proverbe chinois :

Au bord du précipice on ne saute pas à pieds joints.

Le terme précipice fut jugé trop inquiétant pour les clients et le titre finalement retenu fut : « Vigilance orange ».

TITRISATION ET SUBPRIME
La sous-estimation du risque systémique

On en arrive ainsi au rôle décisif joué conjointement par la titrisation et les subprimes. Ces deux instruments financiers ne sont pas nés au XXIe siècle mais à la fin du XXe. Les *subprimes loans* sont des prêts octroyés à des emprunteurs dont la solvabilité n'est pas assez sûre pour qu'ils bénéficient des meilleures conditions (prime lending rate). Alors qu'ils représentaient en moyenne 8 % des crédits distribués, leur part a brutalement crû de 2004 entre 2006, où elle atteignit 24 %. Cette augmentation eut comme corollaire la dégradation de la qualité des nouveaux emprunteurs, jusqu'aux fameux « Ninja » (No INcome, No Job, no Asset) et à l'élévation concomitante du ratio de dette sur revenu

---

3   Dans son témoignage devant le Congrès américain en octobre 2008, l'ex-chairman Alan Greenspan avoua que lui et les penseurs du marché libre étaient « *in a state of shocked disbelief* » et qu'il avait trouvé des défauts dans sa pensée économique.

disponible, pour l'ensemble des ménages américains, de 77 % à 127 %. Facteur aggravant, l'écrasante majorité des prêts ainsi distribués étaient à taux variable (*ARM Ajustable Mortgage Rate*) et assortis parfois de différés de remboursements exceptionnellement longs, qui faisaient qu'après plusieurs années de remboursement, le capital dû était quasiment intact. Une fois la décrue du prix des maisons amorcée, la mécanique diabolique de « désolvabilisation » s'est enclenchée avec d'autant plus de dégâts que la Reserve Fédérale était engagée dans un processus lent mais régulier de remontée des taux directeurs (17 fois un quart de point supplémentaire, de août 2004 à avril 2006) qui crucifiait les emprunteurs.

La titrisation (*securitization*), de son côté, a constitué à la fin des années 1980 la dernière étape de la désintermédiation bancaire, au sens classique, en donnant aux ménages un accès indirect aux marchés de capitaux, par le biais de la revente en blocs sur le marché des valeurs mobilières[4], par les banques, des prêts consentis aux particuliers.

Les subprimes sont des crédits consentis à des emprunteurs dont la capacité de remboursement est douteuse. Dans la bulle immobilière américaine des années 2000, ils ont été consentis à grande échelle sur la base de l'espérance de plus-value sur la revente des maisons. Lorsque le marché immobilier s'est retourné (2006), un grand nombre de ces débiteurs se sont retrouvés en situation d'insolvabilité.

La titrisation est une opération financière qui consiste pour une banque à décharger son bilan des prêts primaires qu'elle a consentis, en les vendant en bloc à une structure ad-hoc qui émet en contrepartie (collatéral) des titres négociables sur le marché (Collateral Debt Obligation, CDO) et de ce fait sont acquis par des investisseurs institutionnels en quête de rendement. La mystification de la titrisation des subprimes a consisté à les mélanger en petite quantité avec des prêts de bonne qualité afin de pouvoir les vendre aux investisseurs du monde entier en affirmant que les titres ainsi « fabriqués » étaient de première qualité, avec la bénédiction des agences de notation…jusqu'à ce que les défauts viennent rompre tout l'édifice.

ENCADRÉ 1 – Les subprimes et la titrisation.

---

4   Dans la loi française sur les OPCVM de 1988 ces titres portent le nom de Fonds Communs de Créances FCC.

Subprime Mortgage Originations

In 2006, $600 billion of subprime loans were originated, most of which were securitized. That year, subprime lending accounted for 23.5% of all mortgage originations.

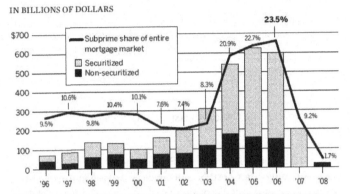

NOTE: Percent securitized is defined as subprime securities issued divided by originations in a given year. In 2007, securities issued exceeded originations.

SOURCE: Inside Mortgage Finance

Fig. 16 – L'envol des subprimes : montant des prêts subprime distribués et part dans le total des prêts (source : Inside Mortgage finance).

La titrisation des prêts subprime a été rendue possible par la mise en place d'instruments synthétiques (CDO *Collateral Debt Obligation*) constitués de tranches de prêts de différentes qualités (de AAA[5] à subprime). Des modèles probabilistes complexes permettaient aux arrangeurs de prétendre attribuer à l'ensemble de l'instrument le rating de crédit des meilleurs prêts (majoritaires). C'est la défaillance des plus mauvais qui, quoiqu'ils fussent très minoritaires, a mis en lumière l'erreur de modélisation avalisée par les des agences de rating qui donnait le AAA à des CDO comportant un risque non nul.

Le film *Margin call* de JC Chandor (2012) qui raconte la découverte de la catastrophe imminente, dans une banque d'affaires de premier

---

5   Dans la classification des dettes, le AAA est le grade le plus élevé, synonyme d'un taux de défaut estimé nul.

plan, comporte une séquence édifiante au cours de laquelle sont révélées au patron les pertes causées par l'erreur non pas de calculs mais de modèle. Ce qui nous renvoie à l'adresse de Pierre Duhem[6] aux ingénieurs (1893), rapportée par Christian Walter[7], que nous adaptons à l'usage des financiers :

> Aux [financiers] qui n'ont cure de la justesse d'une formule, pourvu qu'elle soit commode, nous rappelons que l'équation simple, mais fausse, c'est tôt ou tard, par une revanche inattendue de la logique, l'entreprise qui échoue, la digue qui crève ; c'est la ruine financière…

DE HSBC À LEHMAN BROTHERS

En février 2007, la banque HSBC annonce d'importantes provisions pour couvrir des positions en créances titrisées qui ne trouvent plus preneurs du fait de l'élévation rapide du taux d'impayés chez les emprunteurs hypothécaires, qui déclenche des saisies/expulsions et accélère la chute des prix dans une spirale diabolique. Le véritable signal qu'une crise profonde est en train de s'installer survient toutefois lorsque Bear Stearns, 7ᵉ société financière américaine, leader de la titrisation et déclarée « *Most Admired securities firm* » par Fortune révèle ses difficultés avec deux fonds de CDO le 22 juin 2007. En août, la BNP gèle deux fonds communs « monétaires dynamique ». En septembre 2007, c'est au tour de la banque britannique Northern Rock de demander l'aide de la Banque d'Angleterre pour faire face à une crise de liquidités qui se transforme rapidement en « *bank run* », autrement dit panique des déposants qui se précipitent aux guichets pour retirer leurs avoirs. À l'automne 2007, Merrill Lynch, UBS et Citigroup se déclarent également touchées par des pertes de grande ampleur.

Mais c'est en septembre 2008 que le château de cartes s'écroule définitivement, d'abord avec la mise sous tutelle des deux agences américaines de crédit hypothécaires Fannie Mae et Freddie Mac puis avec la faillite

---

6   Pierre Duhem (1861-1916) physicien, chimiste, historien et philosophe des sciences.
7   f.hypotheses.org/wp-content/blogs.dir/1596/files/2016/09/Séminaire-M2-2016-2017-chapitre-0-intro.pdf

de Lehman Brothers, le 15 septembre, qui déclenche la pire semaine boursière de tous les temps. Le lendemain, les États-Unis nationalisent AIG, premier assureur mondial qui s'est fourvoyé, comme Dexia en Europe, sur le terrain miné de la couverture du risque de signature avec les rehaussements de crédit et surtout les CDS (*credit default swap*[8]).

Bien que ce décompte n'ait pas à notre connaissance été rendu public, il est probable que le montant total des pertes sur les crédits hypothécaires primaires est resté au final inférieur aux prévisions les plus pessimistes. Ce que le déroulement de la crise a mis ainsi en lumière, c'est la fragilité globale du système du fait de la circularité des phénomènes d'insolvabilité résultant elle-même de la complexité des mécanismes de financement et de l'ampleur des positions de transformation (financement à très court terme de positons longues). Un tel système ne peut intrinsèquement pas résister à la propagation d'un vent de défiance et chaque établissement se trouve alors exposé à la faillite instantanée par ce qu'il ne trouve plus de contreparties pour renouveler ses financements échus.

Parmi les grands noms de la finance mondiale cités ci-dessus, un grand nombre a soit disparu soit été racheté soit encore été nationalisé. Entre les renflouements (*bail out*) et les nationalisations pures et simples, la mise à contribution à grande échelle de l'argent public a préparé l'étape suivante, celle du surendettement public.

---

8   Contrat de gré à gré qui institue une sorte d'assurance contre le défaut de paiement d'un émetteur de dette mais dont la particularité est qu'il peut être souscrit indépendamment de la détention de ladite dette, devenant ainsi un pur instrument de pari contre la solvabilité d'un emprunteur donné.

DÉFICIT ET TRAPPE DE DETTE

LE RÉGIME DE CROISIÈRE DE LA DETTE PUBLIQUE

Si l'État vit quasiment en permanence à crédit, comme la plupart des agents économiques, il se singularise par le fait que sa dette, la dette publique, ne se rembourse jamais. L'État ayant le privilège de lever l'impôt, il peut emprunter tant que ses recettes lui permettent d'honorer les paiements d'intérêts sans recourir à un endettement supplémentaire[1]. Ce mécanisme de *roll over* permanent fonctionne donc tant que la dette reste dans des limites acceptables, c'est-à-dire tant qu'est assurée la perpétuation du *statu quo ante* d'un point de vue strictement arithmétique. La condition nécessaire est un état d'équilibre entre la richesse produite (croissance du PIB nominal incluant la dérive inflationniste), le solde primaire du budget (avant paiement des intérêts de la dette) et le taux d'intérêt servi sur la dette. Dans la logique du traité de Maastricht, une équation simple détermine le niveau de déficit primaire à respecter pour atteindre un objectif d'endettement en fonction du taux d'intérêt et de la croissance[2].

L'ÉTAT À LA RESCOUSSE

Lorsque la chute de Lehman Brothers a menacé l'ensemble du système bancaire de faillite et l'économie mondiale de dépression, l'idéologie

---

1   En fait, l'État s'est de tout temps et partout autorisé à « remettre les compteurs à zéro en déclarant de temps à autre tout ou partie de sa dette non remboursable.

2   Pour une formalisation de l'évolution de l'endettement voir Ninet Jacques (2017).

libérale a cédé sans hésiter la place au pragmatisme et l'État a été appelé partout – et surtout dans le pays le plus libéral, les États-Unis – à la fois pour renflouer l'appareil financier par prise de participation dans le capital directe, équivalente à une nationalisation pour les établissements les plus touchés, et pour soutenir une demande qui menaçait de s'effondrer[3]. Les trajectoires de déficit sont alors brusquement sorties du canal à l'intérieur duquel elles semblaient pouvoir se perpétuer indéfiniment.

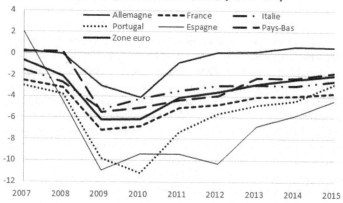

FIG. 17 – Déficits publics en zone euro (source : OCDE).

Le graphique est tout aussi éloquent pour les pays anglophones pourtant plus allergiques à l'interventionnisme de l'État.

L'endettement public (dette totale des administrations publiques sur PIB) a alors atteint des niveaux jugés précédemment comme impensables, faisant surgir le risque de trappe de dette.

---

3   Réunion du G20. Londres. Avril 2009.

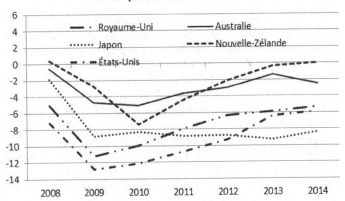

FIG. 18 – Déficits publics Monde (source : OCDE).

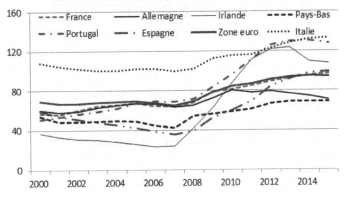

FIG. 19 – Taux d'endettement publics (source : OCDE).

LA TRAPPE DE DETTE

La trappe de dette traduit une situation dans laquelle un État endetté n'est plus capable d'honorer le paiement des intérêts. Il doit donc emprunter, en plus du renouvellement du principal arrivé à échéance, pour les couvrir. L'élément-clé dans ce mécanisme est le niveau d'excédent primaire du budget (avant charge de la dette). Il n'existe pas de seuil absolu de trappe de dette car l'enclenchement de la spirale dépend aussi du taux d'intérêt pratiqué et donc indirectement du caractère captif ou non de l'épargne[4]. Le cas du Japon est exemplaire avec un ratio dette-PIB deux fois plus élevé que dans les autres pays avancés mais avec une dette détenue quasi exclusivement par les épargnants japonais. En Europe, la Belgique et l'Italie, pays de forte évasion fiscale et de recyclage efficace de l'épargne, ont toujours vécu avec des ratios d'endettement supérieurs à la « normale », y compris lors de leur accession à l'euro. On verra dans la quatrième partie du livre que les taux zéro ont aussi comme effet d'éluder le risque de trappe en réduisant la charge d'intérêt à quasiment rien.

Au-delà d'un certain niveau de dette et de déficit, tout retour naturel dans le « canal » d'avant crise devient impossible du fait de la capacité limitée de l'économie à « encaisser » un ajustement brutal des finances publiques. Autrement dit, l'effort nécessaire sur l'excédent budgétaire, par augmentation des impôts et/ou diminution de la dépense publique, est incompatible avec le niveau de croissance nécessaire pour y parvenir.

On se souvient à ce propos de l'étonnante « confession » de l'économiste en chef du FMI, Olivier Blanchard (2013), reconnaissant l'erreur majeure de calibrage du multiplicateur budgétaire dans les modèles ayant servi de référence aux politiques d'ajustement conduites en Europe depuis le début de la crise. Précisons qu'il s'agit bien d'une erreur de calibrage et non d'une erreur de formulation mathématique du modèle, un peu comme si l'on voulait calculer la vitesse de chute libre sur la Lune en appliquant le même coefficient d'attraction (« g ») que sur la Terre. Ainsi, les prévisions de résistance à la cure d'austérité ont-elles été bâties sur un

---

4   En 2010 Carmen Reinhardt et Kenneth Rogoff ont prétendument vérifié empiriquement la thèse selon laquelle un taux d'endettement de 90 % induit un effondrement de l'économie. Mais leurs calculs ont par la suite été invalidés.

niveau du multiplicateur keynésien conforme aux observations passées. Le simple bon sens et une vraie curiosité scientifique auraient commandé de s'interroger sur les particularités régionales et conjoncturelles. Au total, selon l'étude, presque cent pour cent des erreurs de pronostic sur le PIB de cette période sont attribuables à la sous-estimation dudit multiplicateur.

Les pays les plus proactifs dans la reconquête d'un excédent primaire, ayant sous-estimé son impact récessif, ont sévèrement rechuté dans une spirale baisse du PIB/baisse des recettes fiscales (Espagne, Italie, Portugal et évidemment Grèce).

Conformément à la doctrine allemande en vertu de laquelle ce sont les marchés qui doivent contrôler la rigueur des finances publiques[5], les acteurs que les marchés financiers nomment les *bonds vigilantes* ont dans un premier temps sévèrement sanctionné cette dérive (2010-2011), jugeant que les niveaux d'endettement atteints mettaient en doute la soutenabilité à long terme des finances publiques. Toutefois, si l'on écarte le cas de la Grèce, résolument insolvable, les dettes des autres pays « méditerranéens » se trouvaient en réalité encore assez loin de niveaux préfigurant leur insolvabilité.

L'INSTRUMENTALISATION DE LA DETTE

C'est avec ce concept-épouvantail d'accroissement incontrôlable de la dette que la sphère financière et les leaders conservateurs, qui s'étaient fait bien discrets à l'automne 2008, sont revenus bruyamment dans le jeu, avec le soutien objectif des agences de notation, en dénonçant la dérive des finances publiques, avec la volonté d'en finir une fois pour toute avec l'État-providence[6].

La révolution (néo)conservatrice américaine et ses affiliés, dont le projet avoué est de démolir toutes les bases sociales du New-Deal et du

---

5   Voir Lordon Frederic. (2014).
6   Dans la pièce « D'un retournement l'autre », Frédéric Lordon a mis en vers, à la manière de Molière, l'invraisemblable impudence des banques qui, après avoir créé la débâcle, ont exigé le soutien des États, au motif qu'elles étaient « *too big to fail* », et leur reprochent maintenant leur gestion irresponsable des deniers publics.

modèle keynésien de l'après-guerre, ont trouvé dans la crise de la dette publique un argument de poids. Dernier épisode en date, la crise grecque et sa contagion ont rendu « obligatoire » l'éradication du volet social de l'Europe, que les britanniques, les libéraux de la commission et les rédacteurs du projet de traité sur la Constitution n'avaient pu obtenir[7].

L'endettement public est ainsi devenu le mal absolu du XXIe siècle, comme l'inflation fut celui de la deuxième moitié du XXe, sous le feu critique d'une génération de financiers qui avait pourtant prospéré sur le principe du *leverage* (augmenter les profits grâce à l'argent emprunté) et/ou sur la négociation des titres de dette.

La dette, à la différence de l'inflation, est pourtant un phénomène bipolaire. Il ne peut y avoir de dette sans créance, de même qu'il ne peut y avoir d'excédents commerciaux pour certains que parce qu'il y a des déficits chez les autres (l'Allemagne ne pourrait être l'Allemagne si tous ses partenaires étaient aussi « vertueux » qu'elle).

Dette et créance sont ainsi les deux facettes d'une relation unique, les composantes symétriques d'un tout constituant la relation socio-économique. De même que les physiciens du XXe siècle ont intégré la représentation unitaire de la dualité du monde[8], les économistes désireux de faire réellement progresser leur discipline devraient cesser de concentrer uniquement sur l'endettement et se demander aussi qui détient la dette. Accessoirement ils pourraient alors s'interroger sur les raisons qui poussent les créanciers à accepter, jusqu'à un certain point, d'accumuler des créances, puis soudain à les rejeter ? Sans doute la question est-elle le plus souvent occultée parce qu'elle renvoie directement aux inégalités et à la nécessité de les compenser. Dans des pays comme la France et plus encore l'Allemagne en déficit démographique, les prêteurs sont les rentiers, les retraités présents et futurs ; aux États-Unis, les entreprises et leurs 3 000 Mds de dollars de trésorerie inemployée ; plus généralement, les non-résidents, exportateurs excédentaires ou évadés fiscaux qui gonflent chaque année de 300 Mds USD l'Asset Management *off-shore*.

---

7   « Fondamentalement, le modèle social français n'est plus compatible avec la démographie, la chute de la croissance et la défiance des investisseurs (…) Ainsi, la France a dilapidé toutes ses chances de se réformer à froid avec (…) la constitution d'une vaste bulle spéculative autour de sa fonction publique et de son État-Providence. Nicolas Baverez. Le Monde 29 novembre 2011.

8   Le blason de Niels Bohr, père de la mécanique quantique, représentait le symbole Tajitu (Yin et Yang) surmonté de la devise *contraria sunt complementa*.

Les chiffres collationnés par la BRI[9] révèlent qu'il y a dans le monde trop de dettes et symétriquement trop de créances comparativement à la richesse réelle (PIB x 5) et encore plus de produits dérivés par rapport aux actifs financiers (actifs x 2 ou 3). Cette surabondance d'engagements financiers, d'une part crée les interconnexions infinies qui fragilisent le système (entropie) et, d'autre part, exprime un refus d'estimer la richesse globale à son niveau réel en la démultipliant de manière virtuelle dans le futur à travers ces contrats. Un ajustement brutal se produit à chaque fois qu'il apparaît évident que la création à venir de richesse réelle ne permettra pas d'honorer ces contrats et que les opérateurs refusent soudain d'en ajouter de nouveaux pour masquer cette réalité.

Le paradoxe est que les partisans du capitalisme de rentier entendent imposer leur loi à la démocratie par la culpabilisation de la dépense publique au moment précis où la crise invalide les postulats de l'économie néo-classique et démontre son incapacité à produire de la croissance autrement que par l'accumulation de dette et par la création monétaire nécessaire à sa pérennité. Leur férocité vient de la contradiction interne de leur projet politique, à mesure que son échec économique est avéré.

---

9   www.bis.org/publ/oct_hy0516

UNE CRISE INUTILE ?

*Those who do not learn from history are
doomed to repeat it.*
George SANTAYANA

L'historien qui étudiera dans quelques décennies la réaction des économistes et des autorités monétaires à l'intensification des crises aura bien du
mal à comprendre l'entêtement dogmatique des premiers et le maintien
aux postes clés des secondes. Il découvrira que les promesses de changements radicaux, par exemple sur la séparation des activités des banques et
la lutte contre les paradis fiscaux, formulées début 2009 pour apaiser la
colère des populations, sont restées lettre-morte. Ces velléités de réforme
ont rapidement cédé le pas d'une part à un discours moralisateur sur la
dette et d'autre part à une sur-règlementation des professions financières,
véritable écran de fumée destiner à cacher l'absence de réformes de fond.
Il verra aussi qu'à de rares exceptions les nouveaux maîtres du monde sont
restés aux commandes et en ont même profité pour pousser plus avant ce qui
avait si mal fonctionné. Ce point sera exploré dans notre troisième partie,
consacrée aux Banques centrales, qui s'attardera sur les erreurs cumulatives
de leurs principaux dirigeants tout au long de la période étudiée

LA DETTE IMMORALE

Totalement incongrue avant la crise, l'idée que l'accumulation des
dettes en était la cause principale, voire exclusive, est devenue, après, la
tarte à la crème du discours des économistes. Tirer sur l'ambulance de

ce réveil tardif manquerait assurément d'élégance s'il ne relevait que d'un opportunisme de salon, du genre : « à défaut de les avoir prévus, montrons au moins, pour garder notre statut d'experts, que nous pouvons tout expliquer sur les origines de ces évènements. » Cette reprise de conscience d'une probité intellectuelle douteuse recèle malheureusement une autre dimension, nettement plus inquiétante. C'est le martèlement d'un discours moralisateur venant à point nommé inscrire les déterminants de la crise dans la logique de prise de contrôle idéologique au moyen de l'instabilité, du risque et de la peur, décrits au précédent chapitre.

À peine identifiée comme responsable des désordres financiers puis économiques, la dette a aussitôt été déclarée coupable, concrétisant la dualité qu'elle a dans la langue allemande. Le mot *Schuld* y désigne aussi bien la dette que la faute (*schuldig* signifiant ainsi à la fois débiteur et coupable). La stigmatisation de la dette, exercice où excellent certains « chrétiens de gauche », va de pair avec la culpabilisation envers les générations futures des débiteurs paresseux qui préfèrent « vivre au-dessus de leurs moyens » et exigent une redistribution incompatible avec la compétitivité de notre économie.

Ces discours dénonçant à la fois l'impéritie des gouvernants « qui laissent filer les déficits » et l'hédonisme irresponsable des citoyens ont culminé avec l'affaire grecque. La Grèce n'a pu abandonner la drachme et adopter l'euro, en 2001, que par un tour de passe-passe qui n'a abusé personne et surtout pas ceux qui comptaient bien profiter des débouchés qui naîtraient de cette adhésion. Cette admission littéralement hors normes a fini de démontrer l'absurdité économique de l'extension à marche forcée de la sphère de la Monnaie unique. En langage savant, la non-optimalité de la zone monétaire unifiée[1], dénoncée par de nombreux économistes mais balayée d'un revers de la main par le mainstream européiste, est devenue avec la Grèce un véritable cas d'école. Au fil des années, la distorsion entre le niveau de vie potentiel du pays et celui auquel l'accroissement de la dette lui permettait d'accéder, pour le plus grand bonheur ses fournisseurs, y compris d'armements, n'a fait que se creuser jusqu'à ce que le spectre d'insolvabilité inéluctable devienne intolérable pour les créanciers.

---

1   Le concept de zone monétaire non optimale se réfère à une situation dans laquelle la monnaie unique regroupe des pays présentant de fortes disparités économiques sans qu'aucun mécanisme de rééquilibrage ne soit prévu.

Comment la goutte d'eau que représentaient les 300 milliards de la dette grecque a-t-elle pu déchaîner la tempête dans l'océan de 10 billions de dettes souveraines de la zone euro ? Les historiens qui se pencheront sur la question ne manqueront pas de remarquer que l'idée de châtier les anciens membres du « Club Med[2] », cigales devenues cochons (PIGS pour Portugal, Irlande, Grèce Espagne), était présente depuis quelque temps dans certains milieux européens.

Dans ses mémoires, Tim Geithner, ancien secrétaire au Trésor du premier mandat de Barack Obama, raconte son entrevue avec le ministre allemand Wolfgang Schäuble en 2012 :

> *A few days later [i.e., late July 2012], I flew to meet for lunch during his vacation at a resort in Sylt, a North Sea island known as Germany's Martha's Vineyard. Schäuble was engaging, but I left Sylt feeling more worried than ever. He told me there were many in Europe who still thought kicking the Greeks out of the eurozone was a plausible — even desirable — strategy. The idea was that with Greece out, Germany would be more likely to provide the financial support the eurozone needed because the German people would no longer perceive aid to Europe as a bailout for the Greeks. At the same time, a Grexit would be traumatic enough that it would help scare the rest of Europe into giving up more sovereignty to a stronger banking and fiscal union. The argument was that letting Greece burn would make it easier to build a stronger Europe with a more credible firewall*
> (Geithner Thimoty 2014)

> « Quelques jours plus tard [à savoir la fin de Juillet 2012], je me suis envolé pour le rencontrer à déjeuner pendant ses vacances dans la station de Sylt, une île de la mer du Nord (….). Schäuble fut charmant mais je suis parti de Sylt plus inquiet que jamais. Il m'a dit que beaucoup en Europe pensaient encore que bouter les Grecs hors de la zone euro serait une stratégie plausible et même souhaitable. L'idée était que, une fois la Grèce dehors, l'Allemagne serait plus susceptible de fournir le soutien financier nécessaire à la zone euro parce que le peuple allemand ne percevrait plus l'aide à l'Europe comme un plan de sauvetage pour les Grecs. Dans le même temps, un Grexit serait suffisamment traumatisant pour effrayer le reste de l'Europe, au point de renoncer à davantage de souveraineté au profit d'une union bancaire et fiscale plus forte. L'argument était que laisser la Grèce brûler rendrait plus facile la construction d'une Europe plus forte avec un pare-feu plus crédible. »

Ce discours moralisateur a eu aussi pour fonction d'arrêter les investigations des économistes aux frontières du politiquement correct et

---

2   Désignation peu flatteuse dans les années 1990 des pays du sud de l'Europe candidats à l'euro.

de limiter ainsi leurs recommandations au redressement des finances publiques – essentiellement par réduction de la dépense – et au choc de compétitivité. Là où il aurait dû être réexaminé en profondeur, l'agenda néo-libéral a au contraire trouvé opportunément un support pour son accélération et les fameuses réformes de structure (qui par une discrétion suspecte sont rarement détaillées) ont été déployées dans de nombreux pays européens : Espagne, Italie, Portugal, Irlande. La flexibilité accrue du marché du travail, la diminution de la redistribution sociale, l'amputation des retraites[3] ont constitué les bases d'un nouveau concept ad hoc, l'austérité expansive, dont on cherche encore les résultats annoncés.

Seule l'Islande a opéré un renversement démocratique de la politique de financiarisation qui l'avait menée à la catastrophe.

L'ÉCONOMIE, SCIENCE DURE,
SCIENCE MOLLE OU PROTOSCIENCE

Pour quelle raison l'économie, en tant que discipline, s'obstine-t-elle dans une démarche non scientifique en refusant d'explorer des pistes non conformes à l'orthodoxie, tout en prétendant à un statut de science « dure ». Comment un prix « Nobel » a-t-il pu être décerné en même temps (2014) au fondateur de la théorie des marchés efficients, Eugene Fama et à un de ses plus farouches opposants, Robert Shiller, inventeur du concept d'exubérance irrationnelle (terme qu'il souffla à Alan Greenspan en septembre 1996) ? Aurait-on célébré simultanément un défenseur de la « génération spontanée » et Louis Pasteur ?

Copernic, Kepler et Galilée ont mis fin, au XVIᵉ siècle, au modèle géocentrique établi par Ptolémée mille quatre cents ans plus tôt. Les nombreux aménagements apportés au modèle au cours des siècles, à mesure de la démonstration de son incapacité à décrire avec précision les phénomènes observés, avaient atteint leurs limites. Proposer une description héliocentrique était devenu la seule issue. Les économistes,

---

3   La liste des réformes ? C'est simple, prenez tout ce qui a été mis en place entre 1944 et 1952, sans exception. Elle est là. Il s'agit aujourd'hui de sortir de 1945, et de défaire méthodiquement le programme du Conseil national de la Résistance ! Denis Kessler. Challenges octobre 2007.

eux, en dépit de leurs échecs successifs, refusent une telle révolution copernicienne et s'entêtent à sophistiquer leurs modèles[4].

Il nous faut donc essayer de comprendre comment et pourquoi l'économie s'est fourvoyée en prétendant quitter la catégorie des sciences (sociales) « molles » pour accéder à celle des sciences « dures » au motif de sa formalisation mathématique ? Et en quoi elle s'abuse elle-même lorsqu'elle affirme que cette mathématisation garantit sa neutralité politique et idéologique ? Écoutons Jean Tirole, prix « Nobel » 2015 :

> L'économie, ma science, n'est pas une science parfaite, on a des incertitudes, des choses qu'on connait mal mais je dis ce que dit la science. L'économie n'est pas au service des intérêts particuliers, ni de la propriété privée (…). L'économiste est neutre fondamentalement[5].

L'économie appartient au champ global des sciences sociales. Son objet est l'étude de la production et de la distribution des richesses. Comme d'autres branches des sciences sociales, elle n'a que peu de moyens de vérification expérimentale car les évolutions de l'activité économique sont largement dépendantes des facteurs démographiques, climatiques, politiques, scientifiques et qu'« on ne refait pas l'histoire ». On ne peut donc pas, à la différence de la physique ou de la biologie, tester directement la validité d'une théorie. Pour contourner cette difficulté l'économie a adopté la logique poppérienne de réfutation des hypothèses.

Karl Popper est le philosophe autrichien du XXᵉ siècle, spécialiste de l'épistémologie (philosophie des sciences), qui a défini une nouvelle démarche scientifique fondée sur le principe de réfutation ou de falsification des hypothèses. Falsification est pris ici au sens de preuve que l'assertion est fausse et non pas que la démonstration est truquée, encore que certaines stylisations des faits laissent parfois planer le doute. Dans cette démarche, la science progresse par la proposition de théories dont on cherche ensuite à savoir si elles sont réfutées ou non par l'expérience.

En économie c'est la justesse des prévisions produites par les modèles qui sert à prouver cette non-réfutabilité des hypothèses. Milton Friedman (1953) a poussé à l'extrême cette méthodologie :

---

4   Par exemple en y ajoutant des chocs exogènes pour essayer de coller avec la réalité au lieu de basculer vers des modèles non linéaires à crise endogène.

5   Interview au journal le Monde à l'occasion de la sortie de son livre. Économie du bien commun. (2016).

> Une théorie pour être importante doit avoir des hypothèses empiriquement fausses (…) La question à poser concernant les hypothèses d'une théorie n'est pas celle de savoir si elles sont empiriquement réalistes mais si elles constituent des approximations suffisamment correctes par rapport au but recherché. Et on ne peut répondre à cette question qu'en tentant de voir si la théorie fonctionne donc si elle permet des prévisions suffisamment précises

La démarche poppérienne contient une faiblesse fondamentale, surtout lorsqu'on l'applique à l'économie. Elle ne peut se déployer que sur un socle établi préalablement aux hypothèses énoncées, une base axiomatique indémontrable au sens de l'incomplétude démontrée par Kurt Gödel. S'agissant du champ des sciences humaines, une telle base relève de la tradition, de la religion ou de l'idéologie. Ainsi, l'individualisme méthodologique sur lequel repose la théorie néo-classique postule que les comportements humains sont uniformément régis par une sorte de loi immuable, applicable à chaque individu et dotée d'une force identique à celle que l'on rencontre dans les lois nature. Cette loi ignore (la richesse de) la diversité des faits et comportements humains qui construisent précisément les réalités politiques économiques. Et c'est sur cette affirmation a priori que tous les individus obéissent exclusivement à une rationalité unique de maximisation de leur utilité (richesse, bien-être) qu'a pu être démontrée l'existence d'un « équilibre économique général » reposant sur l'information des prix des biens et services.

La modélisation de l'efficience de l'information par les prix débouchera en effet sur la théorie de l'équilibre général (TEG) proposée par Walras et Marshall et résolue mathématiquement par Arrow et Debreu (1953) puis étendue vers les modèles dynamiques DSGE[6].

Adoubé par la formalisation, le primat de l'équilibre quantitatif pourra alors boucler la boucle et revenir avec une légitimité renforcée sur le terrain de l'idéologie[7] d'où il avait émergé, aux XVIe et XVIIe siècles, lorsque l'économie moderne commençant à se développer avait dû forger un substitut au principe du pouvoir monarchique de droit divin[8]. Il se

---

6   Voir la critique de ces *Dynamic Stochastic global Equilibrium Models* dans la troisième partie.

7   L'idéologie étant vue ici comme un système unique et cohérent de représentation et d'explication d'un système socio-économique qui permet la légitimation de ce système par ses propres acteurs, y compris et surtout les moins favorisés d'entre eux.

8   On trouve ici une explication historique de la différence de développement entre la Grande Bretagne, toute entière versée à ce nouveau principe, et la France restée attachée au principe centralisateur des monarques puis de la République jacobine.

muera peu à peu en une véritable croyance dans la vertu exclusive de la concurrence libre et non faussée (tendance ordo-libérale) ou du laisser-faire total (tendance ultra-libérale), comme clé unique de la prospérité.

Alors que la redistribution des richesses était une préoccupation très présente chez les classiques, y compris chez Adam Smith lui-même, l'économie néo-classique engagée dans la mathématisation totale s'en est ainsi peu à peu désintéressée au cours du XXᵉ siècle. Et ceci bien que le projet de Léon Walras, fondateur de l'école néo-classique, forme un triptyque comprenant l'Économie pure, l'Économie appliquée et l'Économie sociale.

> L'Économie pure était conçue comme la Mécanique rationnelle en vue de définir un modèle d'ensemble descriptif et explicatif des relations entre les différentes variables économiques, et cela en utilisant, dans un cadre rigoureux, toutes les ressources de la logique mathématique. L'Économie appliquée était considérée comme l'application de la théorie pure aux problèmes pratiques de la production avec comme objectif l'étude de l'organisation la plus appropriée pour réaliser un maximum de bien-être social. L'économie sociale, essentiellement normative, était regardée comme l'étude des principes éthiques de l'organisation de notre société.
> Allais Maurice (1964)

La formalisation de l'économie apparaît, au terme de cette analyse, comme un mirage ou, mieux, comme un écran masquant la faible capacité de la discipline à expliquer vraiment le réel et, moins encore, à guider correctement la politique économique. C'est ainsi par exemple que depuis soixante ans des milliers de travaux scientifiques ont essayé en vain de prouver empiriquement la pertinence du modèle d'équilibre de marchés financiers proposé par Markowitz et Sharpe (CAPM ou MEDAF) alors même que les hypothèses sur lesquelles il repose relèvent clairement d'une situation idéale limitée à quelques cas exceptionnels (absence de frais de transaction, marché atomisé, information également accessible à tous les acteurs obéissant à la même rationalité mais sans interactions etc.). Dans le même temps la prévision des crises et leur gestion préventive étaient délibérément maintenues hors du champ académique.

En dépit de la somme colossale d'écrits de toute nature qu'elle a produit, l'économie n'est donc aujourd'hui, au mieux, qu'une protoscience. Elle ne pourra se hisser au rang de science véritable que lorsque son courant majoritaire reconnaîtra la nécessité d'intégrer dans sa représentation du réel les acquis des disciplines voisines sur les comportements individuels et collectifs et abandonnera le réductionnisme de l'*homo economicus* et l'individualisme méthodologique qui s'y rattache.

On peut espérer qu'alors des modèles prenant en considération des phénomènes subjectifs tels que le mimétisme ou la versatilité, pour ne citer que ceux-là, décriront mieux la non-linéarité du monde réel.

LES ÉCONOMISTES ORTHODOXES FORMENT-ILS UNE SECTE ?

On ne peut mettre un point final à la réflexion sur les défaillances de la « science "économique" » sans évoquer son organisation sociologique et son refus de la contestation. Dans une lettre adressée à Madame la ministre de l'éducation nationale, Jean Tirole s'emploie à la dissuader de répondre favorablement à la demande des économistes hétérodoxes d'ouvrir un espace de recherche qui leur soit dédié[9] (novembre 2014).

> Comme les autres grandes disciplines scientifiques, la science économique moderne est en questionnement permanent sur ses hypothèses, confronte les modèles aux données, et abandonne les théories qui échouent au test de la réalité…Il est indispensable que la qualité de la recherche soit évaluée sur la base de publications, forçant chaque chercheur à se confronter au jugement par les pairs. C'est le fondement même des progrès scientifiques dans toutes les disciplines. Chercher à se soustraire à ce jugement promeut le relativisme des connaissances, antichambre de l'obscurantisme. En particulier, il est important que la communauté des enseignants-chercheurs et chercheurs en économie dispose d'un standard unique d'évaluation scientifique basée sur un classement des revues de la discipline et sur l'évaluation externe par des pairs reconnus internationalement.

Le « standard unique » des économistes pratiquant une sorte d'auto-évaluation en circuit fermé pour produire leur propre classement fonde le processus par lequel une pensée unique a fini par régir les publications des grandes revues de langue américaine et est devenu le seul critère d'évaluation de la recherche en économie[10]. Par effet collatéral,

---

9   En clair, la création d'une section autonome du Conseil National des Universités.
10   Une recherche bibliographique révèle par exemple qu'Hyman Minsky, principal contributeur aux réflexions sur l'instabilité financière, qui a publié jusqu'en 1996, n'est apparu que

cette bibliométrie autoréférentielle sur laquelle sont basées les carrières universitaires (*publish or perish*) conduit à la disparition des pensées non orthodoxes des cursus. C'est ce que regrette l'AFEP (Association française d'Économie Politique) dans sa réponse à Jean Tirole :

> La nature même des évaluations ne doit pas produire une uniformisation endogamique de la science. Car les productions les plus innovantes heurtent les routines en vigueur et ont souvent du mal à trouver leur place dans les revues les plus établies. En normalisant l'évaluation, en forçant à une identité d'objectifs, de métriques et donc de contenus, nous tuons les variations et les innovations qui dessinent les sentiers évolutifs de la production de connaissances scientifiques. Nous bridons artificiellement les nécessaires hybridations avec les autres disciplines qui procèdent selon d'autres modèles.

En octobre 2016, deux économistes « *mainstream* », Pierre Cahuc et André Zylberberg ont publié une nouvelle attaque contre l'hétérodoxie. Au-delà de la réaffirmation du caractère scientifique de l'économie, que les auteurs n'hésitent pas à comparer à la médecine, les relents nauséabonds qu'évoque le titre du livre, « Le négationnisme économique et comment s'en débarrasser », révèlent le mépris qu'éprouvent les tenants de la pensée unique à l'égard de leurs confrères. Quand on sait de quelles précautions la recherche expérimentale doit s'entourer dans les sciences du vivant pour valider ses résultats, la revendication d'une égale scientificité pour l'économie, au motif que l'on dispose de bases de données bien fournies, est ridicule et pitoyable. Le fond du problème n'est-il pas plutôt que la pensée économique dominante est tellement prise en défaut par les faits qu'elle n'a d'autre ressource que d'attaquer violemment pour se défendre.

---

cinq fois dans les revues « » auxquelles se réfère Jean Tirole, dont quatre fois à ses débuts (1957-1968) et jamais après 1982.

ERREUR DE DIAGNOSTIC
ET THÉRAPIES IATROGÈNES

Il eut été miraculeux qu'un diagnostic erroné (le choc exogène) commande un remède approprié. Loin de s'attaquer aux racines de la crise, les thuriféraires européens du Marché abandonnèrent rapidement l'option keynésienne de 2009 et préconisèrent l'austérité budgétaire comme unique moyen de redresser les finances publiques tandis que la politique monétaire assurerait la résorption des tensions sur les marchés de dettes. Le durcissement des règles budgétaires, en deux étapes (décembre 2011 et mars 2013), en faisant porter l'essentiel de l'effort sur les classes moyennes, ne pouvait avoir qu'un effet procyclique. La baisse des revenus (retraites, pensions, salaires des fonctionnaires) et la hausse des impôts (TVA, suppression de nombreuses réductions) ne pouvaient que s'ajouter à la réduction de la dépense publique pour finir d'étouffer la demande globale.

La singularité de la crise de 2011 était pourtant qu'en dehors de la Grèce, résolument insolvable pour cause de « trucage » budgétaire permanent, les dettes des autres pays « méditerranéens » se trouvaient en réalité encore assez loin des niveaux préfigurant leur insolvabilité. L'austérité synchronisée dans toute l'Europe méditerranéenne resterait sans effet sur l'endettement mais serait létale pour sa croissance. La timide reprise enregistrée en 2010 serait tuée dans l'œuf, comme le montre le graphique suivant.

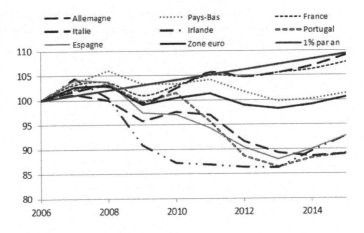

Fig. 20 – Demande intérieure totale zone euro (source : OCDE).

Sur le secteur financier, les réponses institutionnelles se sont fina-lement résumées à un renforcement très bureaucratique de l'arsenal prudentiel (Bâle3, Solvency2, Mifid etc.), avec l'espoir bien illusoire que l'alourdissement des normes et des procédures de contrôles permettrait de prévenir la prochaine vague de créativité.

Enfin, le traitement strictement financier de la crise, à partir de sa migration vers la dette publique, s'est résumé à une thérapie monéta-riste à deux volets. Un peu comme la médecine contemporaine traite les symptômes et endigue la surinfection en ignorant la véritable approche clinique globale du patient, les marchés financiers ont été placés sous perfusion monétaire de grande ampleur. Les Banques centrales ont procédé à l'injection massive de liquidités dans le système bancaire par la généralisation des Quantitative Easing (QE) et autres « politiques monétaires non conventionnelles » et abaissé les taux d'intérêt jusqu'à zéro et en dessous.

Comme on va le voir dans la troisième partie, cette stratégie répond au triple l'objectif d'assurer la pérennité du système de paiement bancarisé, la continuité du financement des États par l'émission de titres de dettes et la relance de l'économie (avec une reprise modérée de l'inflation). Si les deux premiers points correspondent clairement à la mission des

Banques centrales, le troisième objectif relève, de leur part et de celle des gouvernements qui le leur ont assigné, d'une erreur d'interprétation fondamentale.

TROISIÈME PARTIE

ENTRE LES MAINS
DES BANQUES CENTRALES

> *I sincerely believe that banking establish-*
> *ments are more dangerous than standing*
> *armies; and that the principle of spending*
> *money to be paid by posterity, under the name*
> *of funding, is but swindling futurity on a*
> *large scale*[1].
> Thomas JEFFERSON (1816)

---

1   Je crois sincèrement que les établissements bancaires sont plus dangereux que les armées
     régulières ; et que le principe de dépenser de l'argent qui sera remboursé par la postérité,
     sous le nom de financement, n'est qu'une escroquerie à grande échelle.

INTRODUCTION

L'étude du rôle des Banques centrales dans le développement, la gestion et le dénouement espéré de la crise qui va être abordée maintenant est certainement la partie du livre la moins aisément accessible au lecteur profane, parce qu'elle fait appel aux notions complexes de l'économie monétaire, à commencer par la nature de la monnaie elle-même.

L'approfondissement proposé est cependant un effort vraiment nécessaire pour comprendre la place qu'occupent les Banques centrales dans les sociétés contemporaines et par quel cheminement elles y ont accédé. Il révèle une diversité de philosophies autant que de modes opératoires assez éloignée de la vision monolithique rabâchée par la littérature conventionnelle et la presse, voire par les Institutions elles-mêmes. Il met en lumière des lacunes, des erreurs et des partis-pris qui sont très éloignées de l'image de sagesse impartiale véhiculée par les mêmes. Il entrouvre enfin une porte potentiellement inquiétante sur une gouvernance mondiale dont le moins que l'on puisse dire est qu'elle manque singulièrement de transparence.

Pour bien situer notre propos rappelons que nos deux premières parties ont fait ressortir deux faits essentiels :

— Le capitalisme hyper financiarisé qui a pris le pouvoir dans les années 1980-1990 (quatre premiers chapitres) dans un contexte d'économie globalisée a débouché sur une crise multiforme et prolongée au XXIe siècle (trois chapitres suivants) qui aurait normalement dû conduire à son réexamen critique.

— Insensibles à ces échecs, les autorités politiques, appuyées par une majorité d'experts, ont refusé de remettre en cause le modèle de capitalisme de rentiers. Elles ont au contraire confié aux Banques centrales la mission de le maintenir en vie coûte que coûte, en privilégiant les mesures de court terme nonobstant leurs conséquences néfastes à moyen-long terme.

Dans le même temps, les politiques budgétaires ont divergé, au sein des économies « avancées » du monde occidental, entre l'austérité ciblée sur les classes moyennes en Europe et une plus grande souplesse budgétaire dans les pays anglo-saxons qui a permis à l'économie de ces derniers de connaître une certaine reprise. Dans tous les cas les inégalités – de revenus et de patrimoines – qui étaient à l'origine de la crise ont continué de se creuser.

À la lumière de ces évènements, le titre de notre troisième partie, « Entre les mains des Banques centrales », peut être interprété de deux façons radicalement opposées. Dans une première approche, la Banque centrale va être vue comme le tiers de confiance dans les mains duquel reposent l'édification et la préservation de l'environnement monétaire et financier le plus favorable à la prospérité. La Banque centrale apparaît alors comme l'alliée objective de la gouvernance politique sauf lorsque celle-ci « dérape », auquel cas elle endosse le rôle de garant du retour à un ordre économique orthodoxe. En cas de crise, enfin, la Banque centrale revêt le costume du prêteur de dernier ressort et sauve l'économie de la dépression.

Ainsi se dessine une image de la Banque centrale à la fois pilier du système économique, gardienne du Temple de la Raison et sauveur ultime face aux crises. Confrontés à la crise du système financier et de l'économie, Ben Bernanke en 2008 et Mario Draghi en 2012 ont littéralement sauvé le monde.

> Les Banques centrales ont été les héroïnes de la crise financière mondiale. Par rapport à la politique monétaire conventionnelle, les politiques monétaires non conventionnelles de ces dernières années ont été plus audacieuses dans leur ambition et menées sur une plus grande échelle. Ces mesures exceptionnelles ont permis au monde de ne pas sombrer dans le précipice d'une autre Grande Dépression. Elles ont permis d'éviter un effondrement du système financier et de l'activité[1].

Une tout autre lecture consiste à internaliser les Banques centrales dans le processus de transition vers le capitalisme de rentier qui a été

---

1   Christine Lagarde. Directrice général du FMI. Discours au symposium de la Fed de Kansas-City à Jackson Hole le 23 août 2014.

décrit dans la première partie, sinon comme promoteurs, au moins comme facilitateurs dudit processus et acteurs essentiels de l'autonomisation de la sphère financière. « Entre les mains » évoque alors plutôt la dépossession du politique et une amputation de la souveraineté démocratique, au nom des règles d'or de l'orthodoxie financière et des impératifs de protection/sécurisation des marchés. La prise de contrôle des Banques centrales sur l'économie mondiale au cours des trente dernières années et en particulier depuis les années 2000, apparaît dans cette perspective à la fois comme un aboutissement et un échec.

Un aboutissement dans la mesure où, à travers cette « remise entre les mains », les oligarchies financières ont définitivement remporté la bataille contre les forces productives (les salariés mais aussi les PME/TPE).

Un échec, parce que cette victoire, qui s'est dessinée au milieu des crises que nous avons étudiées précédemment, a finalement débouché sur l'obligation de porter les taux d'intérêt en territoire négatif, autrement dit d'éteindre la rente financière. Les Banques centrales ont-elles simplement « trahi » les prêteurs, en monétisant la dette pour sauver les États-emprunteurs ? C'est la thèse défendue par Patrick Artus[2], thèse qui présuppose que la crise « commence » en 2007-2008 et ignore qu'elle puise ses racines dans le surendettement privé et le laxisme des prêteurs dans les années (décennies) précédentes. C'est pourquoi nous défendons l'idée opposée. Par l'accumulation de leurs erreurs de diagnostic et l'asymétrie de leurs stratégies (pour les marchés financiers et contre l'inflation) les Banques centrales se sont mises en position de prisonnières ou otages d'un système financier menacé d'effondrement et cela au moment même où elles avaient fini par croire à leur toute-puissance[3].

---

2 Normalement, une Banque centrale indépendante défend les prêteurs ; aujourd'hui les Banques centrales indépendantes défendent les emprunteurs, en particulier les États : ceux qui ont établi les Banques centrales indépendantes se sentent trahis. Flash Économie Natexis 28 juin 2016.

3 Palma José (2009).

BANQUE CENTRALE

Une lecture standard

DE LA CRÉATION MONÉTAIRE À SA RÉGULATION

Selon la définition standard, une Banque centrale est une « institution » qui a reçu de l'État une délégation pour exercer en son nom le privilège d'émission de la monnaie, d'où son autre nom d'Institut d'émission. Cette définition ne traduit pas vraiment la réalité des économies bancarisées. Ce sont bien les Banques centrales qui impriment et mettent en circulation les billets (monnaie fiduciaire) mais la monnaie scripturale (les avoirs en compte), qui est beaucoup plus importante, y est créée quant à elle par les banques commerciales lorsqu'elles consentent des prêts qui ne sont couverts que pour une infime fraction par des encaisses préalables[1].

Le rôle de la Banque centrale est donc en réalité celui d'un régulateur de la quantité totale de monnaie en circulation et plus précisément de l'adéquation de son augmentation avec la croissance de la richesse produite, en encourageant ou en freinant la propension de banques à octroyer des prêts.

Elle exerce ce rôle de deux façons :

— À travers le contrôle de la monnaie échangée entre les banques commerciales dans les mécanismes de compensation, dont elle assure la bonne fin, au moyen d'interventions dans les opérations du marché monétaire (open market). En clair, la

---

1   Par essence, la création monétaire ex nihilo que pratiquent les banques est semblable, je n'hésite pas à le dire pour que les gens comprennent bien ce qui est en jeu ici, à la fabrication de monnaie par des faux-monnayeurs, si justement réprimée par la loi. Concrètement elle aboutit aux mêmes résultats. La seule différence est que ceux qui en profitent sont différents. Maurice Allais, Prix « Nobel » de Sciences économiques. 1988.

Banque centrale agit dans le marché interbancaire comme agent indépendant (libre), susceptible d'élargir la liquidité en achetant des titres aux banques commerciales ou de la resserrer en leur en vendant ;

— En fixant le taux (taux d'intervention ou taux directeur) auquel elle prête aux banques commerciales pour alimenter leurs réserves et/ou leur fournir des billets.

Cette fonction de contrôle de la masse monétaire, dévolue à toutes les Banques centrales dans le monde actuel, a été contestée lors de leur création et le reste aujourd'hui par les partisans du « *free Banking* ». Cette critique fut notamment formulée au début du XXᵉ siècle par l'école Autrichienne (Von Mises, Hayek) et reprise cinquante ans plus tard par Milton Friedman et Alan Greenspan (1966) lui-même lorsqu'il était un libertarien militant. Leur idée est que si la monnaie a une base métallique dans laquelle ses composantes fiduciaires et scripturales restent convertibles (*Gold Standard*) et que la monnaie créée à l'occasion de prêts finançant des investissements réels est détruite lorsque ceux-ci sont remboursés (selon la loi dite du reflux), alors il n'est nul besoin d'une Banque centrale. En plus d'être inutile, cette dernière serait potentiellement nuisible, car ne pouvant résister aux demandes constantes du Trésor public qui en ferait, à son corps défendant, l'exécuteur de la dérive monétaire.

Cette théorie qui fut imparfaitement mise en œuvre aux États-Unis au XIXᵉ siècle n'a pas survécu aux crises monétaires de la fin de ce siècle-là et du début du suivant. En fait, ce n'est pas cette mission de régulation de la quantité de monnaie qui a prévalu dans l'émergence des Banques centrales modernes mais le rôle de prêteur de dernier ressort, fournisseur de la liquidité ultime dans les phases de crises, conformément à la théorie élaborée par Walter Bagehot (1873) et développée par Hyman Minsky (*op. cit.*).

LA GESTION DU TAUX DE CHANGE

Parallèlement, puisque la monnaie est la « devise » du pays, la Banque centrale a la charge de surveiller et de réguler les cours de change[2], que ceux-ci s'inscrivent dans un cadre totalement libre (changes flottants) ou fassent l'objet d'engagements bi ou multilatéraux de régulation : lien fixe (*peg*) ou système de panier avec marges de fluctuations du type SME. Les interventions au titre de la politique monétaire interne et celles sur le marché des changes sont intimement liées, car elles reposent toutes deux sur la rareté ou l'abondance de la liquidité (dans la devise concernée). C'est le plus souvent à la Banque centrale que revient la gestion des réserves de change. L'absence d'une politique de change clairement définie et d'une institution qui serait responsable de sa mise en œuvre est une des tares congénitales de l'Union monétaire européenne.

LA BANQUE CENTRALE ET LA DÉPENSE PUBLIQUE

Une part plus ou moins importante de la création monétaire a pour objet de financer la dépense publique. Dans les siècles passés, l'objectif principal était de permettre au souverain de mener ses guerres. De nos jours, le financement direct du Budget par création monétaire est en principe proscrit. Il s'agit donc d'assurer le refinancement (d'une partie) des titres émis par le Trésor qui sont achetés par les banques. Ces opérations influent directement sur le niveau de l'ensemble des taux à long terme. La politique monétaire peut sous cet angle être appréhendée comme la gestion du compromis entre les vœux de l'État et les besoins liés au développement de l'économie privée. Toute la démarche d'autonomisation des Banques centrales, dans la deuxième moitié du XXe siècle, a relevé explicitement d'une volonté de résoudre ce conflit d'intérêts en faveur du capital privé au motif de l'inefficience postulée de la dépense publique. Les politiques monétaires non conventionnelles des années 2010 constituent dans cette

---

2   Les États-Unis font exception, puisque c'est le Trésor qui y a la charge du dollar en tant que devise.

perspective un retour aussi contraint que piteux vers la monétisation directe des déficits pour éviter la rupture (discontinuité) de la dette publique, qu'elle s'opère par voie directe (Japon) ou par refinancement à guichet ouvert.

LA SURVEILLANCE DU SYSTÈME BANCAIRE

Les grands évènements financiers du début du XXIe siècle ont pour l'essentiel eu pour catalyseur les mauvaises pratiques bancaires et la prise de risques excessifs. La concentration des établissements dans des géants transnationaux a renforcé la crainte de la propagation de la défaillance de l'un d'entre eux à l'ensemble du secteur, conformément à la théorie des effets domino. La surveillance prudentielle des banques commerciales est donc devenue la (seule) grande affaire de la prévention des crises. Et c'est tout naturellement que cette surveillance a été confiée aux Banques centrales sans soulever la moindre contestation. Cette attribution peut certes trouver sa légitimité dans le fait que ce sont bien les Banques centrales qui ont *in fine* à gérer les crises et qu'elles ont une parfaite connaissance des « populations » à surveiller, en tant qu'établissement centralisateur de tous les paiements interbancaires. Il y a néanmoins quelque chose d'inquiétant dans ce regroupement des rôles sous une même casquette. Gérantes de l'équilibre global et soucieuses de la quiétude des marchés, les Banques centrales peuvent-elles en même temps exercer ce métier de gendarme de l'industrie bancaire et financière en toute objectivité ? N'avaient-elles pas jusque-là refusé de s'impliquer dans la notation (*rating*) des émetteurs de dettes sur les marchés en raison du caractère de prophétie auto-réalisatrice que peuvent revêtir les alertes et dégradations de signatures. Les mystères de la structure capitalistique de certaines Banques centrales, leur forte imbrication, humaine et/ou financière avec les sujets à surveiller ne peuvent qu'ajouter des zones d'ombre sur cette nouvelle fonction de régulation[3].

---

3   Voir par exemple celles qui entourent les opérations de marché réalisées par la Société Générale pour déboucler les positions attribuées à Jérôme Kerviel en janvier 2008. Elles illustrent la dualité du rôle de l'Institut d'émission (ici la Banque de France) qui « mise dans le coup » dès la découverte de la « fraude » approuva et couvrit ces opérations avant de condamner la Société Générale trois ans plus tard, via son organe disciplinaire l'ACPR, pour manquements graves à ses obligations en matière de contrôle.

QUELQUES ÉLÉMENTS
D'ÉCONOMIE MONÉTAIRE...

Pour mieux comprendre le vrai rôle
des Banques centrales

Il serait plus que présomptueux de prétendre traiter en un seul court chapitre un sujet auquel Michel Aglietta et André Orléan ont consacré pas moins de quatre ouvrages majeurs en plus de trente ans. Pourtant, appréhender la monnaie par l'approche holiste et sociale qu'ils défendent est une étape indispensable à laquelle nous devons consacrer quelques pages avant d'aborder l'étude factuelle et critique de l'action des Banques centrales au cours des trois dernières décennies.

LA FABLE DU TROC ET LE POSTULAT DU VOILE

Il faut d'abord en finir une fois pour toutes avec l'histoire ridicule que l'on trouve encore dans certains manuels et jusque dans le récent ouvrage de notre « prix Nobel » Jean Tirole. Cette fable raconte que la monnaie a été inventée pour pallier le manque de fluidité du troc à mesure du développement des échanges.

> Il est aisé de comprendre que le Troc circulaire et en nature ne peut s'étendre beaucoup, et je n'ai pas besoin d'insister sur les obstacles qui l'arrêtent. Comment s'y prendrait, par exemple, celui qui voudrait donner sa maison contre les mille objets de consommation dont il aura besoin pendant toute l'année ? (...) L'humanité serait bien vite arrivée à la limite de la séparation des travaux, à la limite du progrès, si elle n'eût pas trouvé un moyen de faciliter les échanges.
> (Bastiat Fréderic. 1850. Chapitre 4)

Ce mythe n'a jamais reçu de ses défenseurs le moindre commencement de preuve historique et se trouve contredit par les travaux de tous les ethnologues, anthropologues, juristes et historiens qui se sont penchés sur l'histoire des sociétés antiques ou sur les sociétés « primitives » contemporaines. Karl Polanyi, Michel Aglietta et David Graeber parmi bien d'autres, expliquent ainsi, chacun à sa manière, que la monnaie a émergé dès que se sont constituées les premières sociétés sédentaires (Sumer et Égypte aux environs de 2500 avant JC). Loin d'avoir été créée dans des sociétés introuvables au sein desquelles auraient préexisté des échanges relevant de l'économie marchande, c'est-à-dire décentralisés et dépersonnalisés, la monnaie est, à l'opposé absolu de ce que prétend la théorie classique, indissolublement liée à l'apparition des contrats de dettes au sein de ces sociétés.

Pierre supplémentaire dans le jardin déjà bien encombré de la pseudo-scientificité de l'économie, cette invraisemblable histoire du troc est en fait la base requise par la théorie classique pour proclamer la transparence/neutralité de la monnaie qui est elle-même le préalable requis à la promulgation du dogme de la Concurrence, du Marché et de son Équilibre. L'idée centrale selon laquelle la monnaie ne serait qu'un simple voile jeté sur les transactions n'est en fait que la convention nécessaire pour décrire un système de concurrence pure coordonné par les prix. La monnaie ne remplirait dans ce système que trois fonctions strictement économiques : unité de compte, instrument d'échange, instrument de réserve. Dans le monde réel, tel qu'il s'est construit depuis cinq millénaires, la monnaie est au contraire une invention consubstantielle à l'apparition d'une vie sociale. Elle apparaît comme un élément constitutif de l'appartenance à une collectivité, en complément du langage et de l'écriture, en tant que vecteur du langage social qu'incarne la comptabilité.

LA CONFIANCE, CLEF DE VOUTE
DE L'ORDRE MONÉTAIRE

Les changements de forme de la monnaie au cours de l'histoire, depuis les paléo-monnaies constituées d'objets d'ornements ou de première nécessité, jusqu'aux monnaies électroniques du XXIe siècle, loin d'altérer sa nature profonde de lien social, n'ont fait que la renforcer. Au fur et à mesure de la dématérialisation progressive des signes monétaires, jusqu'à l'abstraction totale des monnaies virtuelles, la confiance dans la monnaie a pris une importance croissante, jusqu'à devenir un élément central de la stabilité du groupe social et de la Nation.

Chacun citoyen fonde en effet sa vie matérielle sur la confiance qu'il met dans la fonctionnalité du système de paiement, par exemple pour réaliser/recevoir des paiements à distance ou différés. La confiance dans la pérennité du système est également l'élément qui assure la sécurisation et la transmissibilité de son épargne (par opposition au bas de laine). Cette double confiance est à la fois d'ordre mimétique, le système (ne) fonctionne (que) parce que toute la collectivité y adhère, et d'ordre institutionnel, l'exercice de l'autorité monétaire qui garantit la stabilité étant un attribut de la souveraineté.

LES MISSIONS DE CONFIANCE DÉVOLUES
AUX BANQUES CENTRALES

En réponse à cette nécessaire confiance, la première mission « d'intérêt supérieur » de la Banque centrale est donc d'assurer la continuité du système de paiement. Bien que confinée à un rôle mineur, voire inexistant, dans la théorie classique, la monnaie n'en est pas moins explicitement rattachée à la continuité de l'espace social et politique. La pérennité de la Société, sa perpétuation intergénérationnelle, réclament que le système de paiement, en l'occurrence la monnaie bancaire, soit lui-même exempt d'interruption. Inversement les crises monétaires sont pratiquement toujours concomitantes à de graves crises politiques, parfois jusqu'à la dislocation de l'État.

C'est pour cette raison que le risque systémique, l'effet domino provoqué par la faillite d'une seule banque, est la première préoccupation des Banquiers centraux et de leurs organes de coordination (BRI[1]). C'est pour la même raison que les Banques centrales ont à gérer un délicat problème d'aléa moral (encadré ci-dessous). Elles doivent en effet éviter que certains établissements bancaires ou financiers prennent des risques excessifs en matière de crédits ou sur les marchés parce qu'ils se savent protégés par leur appartenance à un système que leur propre défaillance mettrait en danger (théorie du « too big to fail »). Les missions de surveillance du système bancaire confiées aux Banques centrales, comme on l'a vu au chapitre précédent, ressortissent directement à ce premier objectif.

On peut définir l'aléa moral ou aléa de moralité comme l'éventualité qu'un agent prenne des risques inconsidérés au motif qu'il en est protégé explicitement ou implicitement par la collectivité. Ce principe peut s'appliquer aux externalités environnementales produites par une entreprise agricole ou industrielle ou au défaut de prévention des risques du fait de l'existence d'assurances. Un élément constitutif de l'aléa moral est l'asymétrie d'information : l'agent qui prend le risque n'en informe pas les autres parties prenantes. Dans le langage courant l'aléa moral se traduit par « privatisation des profits, socialisation des pertes ».

Le « Too big to fail » est un concept connexe à l'aléa moral selon lequel certains établissements sont d'une taille telle qu'il est impossible de les laisser tomber en défaut car leur chute entraînerait des faillites en cascade en raison du nombre d'acteurs vis-à-vis desquels ils sont engagés. Dans la crise de 2008, les autorités américaines n'ont pas appliqué ce principe à Lehman Brothers, en dépit de l'énormité des engagements directs et contrats hors-bilan. Les effets dévastateurs de cette faillite, au plan mondial, ont illustré la pertinence de ce principe. Elles n'ont en revanche rien fait pour en limiter le champ, bien au contraire, puisque la crise a été l'occasion de concentrations inédites : JP Morgan-Chase et Bear Stearns ; Bank of America et Merrill lynch ; Well Fargo et Wachovia ; Barclays et Lehman ; BNP et Fortis.

ENCADRÉ 2 – Aléa moral et *Too big to fail*.

La deuxième mission, un peu moins explicite, de la Banque centrale est d'assurer la continuité de la rente financière, de sorte que le capital financier soit disposé à s'investir à long terme pour satisfaire les besoins du développement économique. Cette sécurité est également nécessaire pour que l'épargne longue puisse également être mobilisée pour les besoins de l'État, afin que ceux-ci puissent être couverts sans qu'il soit

---

1   Banque des règlements internationaux (BIS) ou Banque centrale des Banques centrales.

nécessaire de recourir à la « planche à billet ». La protection de l'épargne implique en premier lieu que ses titulaires ne soient pas spoliés. Ce qui implique de la préserver des comportements indélicats de la part des institutions financières, dérives que l'on pourrait qualifier élégamment d'« exploitation abusive de l'asymétrie d'information ».

Ce souci de l'épargnant requiert aussi que l'inflation ne fasse pas descendre le taux d'intérêt réel (différence entre le taux facial et l'inflation) sous zéro et vienne in fine amputer le pouvoir d'achat du capital épargné, provoquant « l'euthanasie des rentiers, selon la formule improprement reprise de JM Keynes[2].

Les interventions en prêteur de dernier ressort dans lesquels les Banques centrales se sont illustrées depuis 2008 relèvent à la fois de la première et de la deuxième mission. Injecter des liquidités en achetant massivement des titres de dette publique permet à la fois d'éviter le collapsus du système bancaire et l'effondrement des prix des obligations souveraines, véhicule de prédilection des « rentiers ».

La menace que l'inflation fait peser sur la rente nous amène à la troisième mission et au mandat explicitement formulé dans les lois fondamentales instituant les Banques centrales (Fed, Bundesbank, BCE) qui est d'assurer la stabilité des prix. Ce mandat est unique pour la BCE, héritière directe de la « Buba », alors qu'il est multiple pour la Fed.

The Board of Governors of the Federal Reserve System and the Federal Open Market Committee shall maintain long run growth of the monetary and credit aggregates commensurate with the economy's long run potential to increase production, so as to promote effectively the goals of maximum employment, stable prices, and moderate long-term interest rates[3].

« Le Conseil des gouverneurs a pour mission de maintenir en moyenne une croissance des agrégats monétaires et de la quantité de crédit compatible avec le potentiel de croissance de la production, de manière à tendre vers les

---

2   Le seul passage de « La théorie générale de l'emploi, de l'intérêt et de la monnaie (1936) » où Keynes parle de l'« euthanasie du rentier » est un authentique manifeste politique où il n'est pas question de l'inflation. L'euthanasie du rentier se réalise en faisant disparaître la rareté du capital par une nouvelle forme de partage de la richesse créée qui élimine « une répartition de la fortune et du revenu [qui] est arbitraire et manque d'équité ». Le taux d'intérêt se réduira, dit Keynes, à la somme du coût de dépréciation et de la prime de risque. C'est « l'euthanasie du pouvoir oppressif cumulatif du capitaliste d'exploiter la valeur-rareté du capital ». Paul Jorion. Blog. Mars 2013.

3   Federal Reserve Act (1913) modifié par le Humprey Hawkins Act (1978).

objectifs suivants : un taux d'emploi maximum, des prix stables et des taux
d'intérêt à long terme peu élevés »

Il en va de même pour la Banque du Canada. Dans son préam-
bule, la loi sur la Banque du Canada, adoptée en 1934, précise que la
Banque doit atténuer « autant que possible par l'action monétaire, les
fluctuations du niveau général de la production du commerce, des prix
et de l'emploi[4] ».

On voit ici se dessiner une fracture très nette entre deux approches
de la relation liant la Banque centrale au pouvoir politique. En posant
que ce dernier poursuit un double objectif de stabilité et de prospérité,
il apparaît que dans un cas, l'Europe ordo-libérale, la garantie de stabilité assignée à l'Institut d'émission est considérée comme nécessaire et
suffisante, alors que dans l'autre, les États-Unis, l'objectif de bien-être
exprimé par le taux d'emploi maximum est explicite dans le double
mandat. En filigrane apparaît ici une asymétrie potentiellement fâcheuse
entre l'attention aigüe portée au risque inflationniste et une certaine
négligence face aux tendances déflationnistes.

LA CONFIANCE, MIROIR DE LA SOUVERAINETÉ

Une troisième dimension de la confiance qui, pour reprendre
l'expression d'Aglietta, surplombe les deux premières, est celle qui
permet à la monnaie d'exprimer la souveraineté dans l'espace monétaire[5].
Cette confiance-là est en premier lieu directement liée au rôle tenu par
la monnaie dans la fondation de l'ordre social et donc à la légitimité
des valeurs qui président à sa gestion (souveraineté interne). En second
lieu elle répond à la question de la vulnérabilité de la monnaie dans
l'espace financier et monétaire international (souveraineté externe). C'est
cette double confiance qui est mise en cause parfois jusqu'à la rupture
dans et par les crises monétaires, qui se traduisent par une fuite devant

---

4   http://www.bdp.parl.gc.ca/content/lop/researchpublications/prb0643-f.pdf
5   L'euro est aussi un emblème d'une possible future souveraineté politique européenne.
     JC Trichet 23/3/2006.

la monnaie nationale ou des attaques spéculatives extérieures (*cf.* par exemple les phénomènes de dollarisation comme en a vécus l'Argentine dans les années 2000).

La réflexivité de cette confiance multiforme confère à la monnaie toutes les caractéristiques d'un bien public, fondateur de la vie en société au sein d'un État souverain, et c'est pour cette raison que son émission est (re)devenu un droit régalien, délégué à des institutions relevant du domaine public en même temps que se constituaient les États-Nations. Mais la monnaie est aussi un objet de convoitise illimitée, en tant qu'instrument de comparaison et d'évaluation/élévation sociale et aussi de pouvoir et de domination. Elle est donc l'enjeu d'un intarissable conflit entre sa nature fondamentalement collective et le désir d'appropriation individuelle (et d'expropriation de l'autre) qu'elle suscite, générateur d'un processus d'accumulation[6] qu'on appellera thésaurisation (du latin thesaurus, trésor) ou chrématistique (du grec χρηματιστικος, qui concerne les affaires d'argent).

Cette dualité de la monnaie se retrouve entièrement dans le rapport qu'elle entretient avec l'immortalité. En tant qu'élément constitutif de la permanence de la société, de sa pérennité au-delà du temps de vie de chaque génération, la stabilité monétaire est synonyme de l'immortalité du collectif. Mais l'avarice est aussi la manifestation du refus du vieillissement et de la mort. N'a-t-on pas donné au véhicule par excellence de l'accumulation patrimoniale en vue de transmission intergénérationnelle le nom équivoque d'Assurance-vie[7] ?

LA DIMENSION ÉTHIQUE, LES BANQUES CENTRALES ET L'OBJECTIF D'ÉQUITÉ

Alors qu'elles partagent et assument de manières diverses les objectifs de stabilité et de prospérité qui animent les États démocratiques, les Banques centrales n'ont aucune obligation vis-à-vis du troisième volet de

---

6   Le caractère addictif de l'accumulation de richesse monétaire est un sujet de choix pour les psychiatres et psychanalystes.

7   Fréquemment confondu avec le capital-décès.

ce projet politique qui est l'exigence d'équité, exigence qui prit avec le « Welfare State » et les Trente glorieuses le tour particulier de « progrès social ». Cette observation est corroborée par exemple par l'absence de toute mention du taux de chômage dans les critères de convergence européenne et par le refus constant des banquiers centraux d'intégrer la crise sociale dans les paramètres de leur action. Focalisées uniquement sur la stabilité monétaire, c'est-à-dire de manière asymétrique sur le seul risque de dérapage inflationniste, les autorités monétaires européennes ont complétement négligé les effets potentiellement tragiques du creusement des inégalités sur l'instabilité déflationniste.

La forme des institutions titulaires du mandat monétaire et la façon dont elles l'exercent, au regard de cette dimension politique, sont pourtant cruciales pour la pérennité de l'ordre monétaire (voir le paragraphe consacré à la Bundesbank page 136). L'auto-proclamation de leur neutralité ne suffit pas. La concentration des patrimoines financiers et la formation d'oligarchies financières sont au contraire directement à même de finir par détruire le système en en détournant la masse des acteurs qui s'y sentent lésés. La multiplication, à partir des années 2010, des monnaies complémentaires répond en partie à ce malaise, tout comme, dans un tout autre registre, « l'inexorable montée des populismes ».

LA COURTE HISTOIRE
DES BANQUES CENTRALES
Dans la longue histoire de la monnaie

Alors que l'histoire de la monnaie couvre plus de cinq millénaires, les Banques centrales telles que nous les connaissons aujourd'hui ne sont vieilles que d'à peine un siècle, voire pour certaines beaucoup moins. Bien que relevant de processus économiques et politiques variables suivant les pays, leur émergence a néanmoins obéi à un ensemble de règles communes. L'ambition de ce chapitre est d'essayer de montrer comment les Banques centrales sont devenues à la fois les banques des banques et les outils privilégiés de la politique économique.

LES TRANSFORMATIONS
DE LA MONNAIE ET SES CONSTANTES

Il est quasiment impossible d'écrire une histoire ordonnée de l'évolution des instruments constitutifs de la monnaie. Il y a bien une trame générale, qui va des premières monnaies connues de l'Antiquité, constituées d'objets précieux ou usuels (les baguettes de laiton dans les sociétés africaines décrites par David Graeber) à la monnaie entièrement dématérialisée échangée par voie électronique, en passant par les différentes formes de monnaie métallique, lingots, anneaux, pièces brutes puis pesées et frappées, les lettres de change et les billets de banque. Mais cette histoire globale, qui est celle de l'abstraction croissante des moyens de paiement, s'accomplit dans des faits totalement idiosyncrasiques et asynchrones, d'une civilisation à l'autre.

Deux constantes pourtant ressortent de cette histoire atomisée. La première est que le caractère fiduciaire de la monnaie, que l'on associe à tort exclusivement aux billets, s'est manifestée dès la mise en circulation des premières pièces. Les historiens de l'Antiquité, spécialistes la Chine ou de l'Asie mineure, attestent ainsi de la circulation de pièces dont la valeur d'échange n'avait rien à voir avec leur poids de métal. La seconde constante, qui est la conséquence directe de la première, est que les pouvoirs souverains ont quasiment dès le commencement de l'économie monétaire mené des politiques manipulant le cours légal des pièces. Est-il nécessaire de préciser que dans la grande majorité des cas, la variation consistait en une dévaluation, pour faciliter le financement de leurs dépenses militaires ?

L'Histoire de la monnaie est aussi celle du déplacement du pouvoir d'émission et de fixation de la valeur des monnaies en circulation, jusqu'à la généralisation de l'autonomie des Banques centrales dans la seconde moitié du XXe siècle. Dans l'Antiquité et jusqu'au Bas-Empire, c'est l'autorité politique (le souverain, les cités-États, l'empereur romain) qui a exercé le pouvoir monétaire. La situation s'est ensuite singulièrement compliquée avec l'effondrement général de la souveraineté qui a suivi la dislocation de l'Empire Romain.

Au Haut Moyen-Âge, les monastères devenus seuls détenteurs d'une souveraineté non contestée devinrent émetteurs de monnaies locales. Après le morcellement de l'empire carolingien, il fallut attendre la réforme grégorienne pour que se mette en place une ébauche d'économie bancaire autour des changeurs pontificaux chargés de récolter pour Rome les redevances des Églises locales.

C'est aussi, selon Bernard Lietaer (2013), l'époque insolite des monnaies fondantes, soumises à la pratique du démurrage. Période passionnante pour notre réflexion, car à cette pratique de taux implicite négatif correspondent une incontestable période de prospérité et les chantiers multiséculaires des cathédrales…

Cette longue période qui va prendre fin avec l'afflux de métaux précieux en provenance d'Amérique du sud (XVIe siècle) est caractérisée par l'exercice d'un pouvoir monarchique de droit divin, introduisant ce que Jean-Pierre Dupuy (1992) nomme la hiérarchie enchevêtrée et qui se manifeste dans l'organisation et le financement des croisades. Du point de vue monétaire, cette période s'organise autour d'un système mêlant monnaies métalliques et monnaies abstraites à cours légal (avec notamment l'essor de la lettre de change).

En même temps que nait le capitalisme manufacturier apparait dès la fin du XVIIe siècle une finance privée répondant aux besoins de mobiliser des capitaux et donc de disposer d'instruments d'échanges financiers et de systèmes de paiements appropriés. Ces mutations économiques donneront naissance aux ancêtres des Banques centrales que furent la Banque d'Amsterdam (1609) et la Riksbank suédoise (1668). À la fin du XVIIe siècle, l'avènement de la monarchie constitutionnelle en Angleterre produit un déplacement majeur de la souveraineté, dont la source s'éloigne définitivement du sacré. Cette évolution prendra une forme radicalement différente avec la révolution française qui lancera un siècle plus tard le modèle d'État-Nation. C'est dans cette période qu'apparaissent, avec un siècle de décalage entre les deux rives de la Manche, les premières Banques centrales, qui sont d'emblée l'enjeu d'une dualité institutionnelle, entre actionnariat privé et mission d'intérêt public sous la tutelle de l'État.

DE LA DUALITÉ PUBLIC/PRIVÉ
AU STATUT D'ÉTABLISSEMENT PUBLIC INDÉPENDANT

L'évolution des Banques centrales, de leur création jusqu'à nos institutions du XXIe siècle, repose sur trois éléments indissociables : le développement des systèmes de paiement ; l'abstraction progressive des moyens de paiement ; la suprématie de la monnaie scripturale d'origine bancaire. Elle est aussi le théâtre d'une ambiguïté permanente, mettant en scène d'un côté des actionnaires privés agissant dans l'intérêt des « marchands » et, de l'autre, la supervision/gouvernance étatique. Cette dualité institutionnelle penchera du côté « public » avec les nationalisations complètes (sauf aux États-Unis) au milieu du XXe siècle avant que la proclamation de l'indépendance fonctionnelle totale ne déséquilibre à nouveau la balance dans l'autre sens.

LA BANQUE D'ANGLETERRE (BOE) 1694

Plus ancienne Banque centrale, la Banque d'Angleterre fut fondée en 1694 par un groupe de marchands londoniens pour être le banquier exclusif de l'État – l'intégralité de son capital initial fut prêté à la couronne – et gérant de la dette publique. Dotée par la réforme de 1844 du pouvoir d'émission de billets pour le compte de l'État, la BoE affirme son rôle de Banque centrale attachée à la convertibilité en or[1] des émissions de billets tout au long du XIXe siècle. Elle met en application la théorie de Bagehot sur sa responsabilité de prêteur de dernier ressort dans les crises de la fin de ce siècle. Après avoir fonctionné sous un régime totalement privé jusqu'à sa nationalisation en 1946, elle est depuis 1998 un organisme public, indépendant du gouvernement, mais qui rend compte au Parlement. Elle reste néanmoins sous le contrôle du Trésor. Sa mission, affichée sur la page d'accueil de son site Internet est : « Promouvoir le bien pour le peuple du Royaume-Uni en maintenant la stabilité monétaire et financière. »

Elle est dirigée par un Gouverneur, des directeurs exécutifs et un Comité de Politique Monétaire (MPC) composés de neuf membres nommés par la Couronne sur proposition du gouvernement.

À l'ère des changes flottants, la BoE mène une politique indépendante souvent décalée par rapport à celle de ses consœurs, du fait des fréquentes désynchronisations de l'économie britannique et grâce à la liberté totale dont bénéficie la livre sterling depuis 1992. La BoE est la seule Banque centrale de pays « avancé » à avoir dû céder devant la spéculation dans une crise de change mémorable, menée par George Soros en septembre 1992. Elle est également la seule à être dirigée par un étranger : son gouverneur actuel est le canadien Mark Carney, diplômé d'Harvard et d'Oxford, ancien de Goldman Sachs et précédemment sous-gouverneur de la Banque du Canada.

---

1   Instituée dès 1696 par le « *Great revoinage* »

LA BANQUE DE FRANCE 1800; 1936; 1993.
DES « DEUX CENTS FAMILLES »
AU SYSTÈME EUROPÉEN DE BANQUES CENTRALES (SEBC)

La Banque de France fut créée 18 janvier 1800 par un groupe de représentants de banques privées emmenés par Napoléon Bonaparte, sur le modèle de la banque d'Angleterre. Dès 1803, Bonaparte lui confère le monopole d'émission des billets, monopole initialement limité à Paris qui sera étendu à mesure de la création des comptoirs puis, en 1848, à l'ensemble de la métropole. Les objectifs de Napoléon relèvent de sa volonté centralisatrice :

> Lorsqu'un gouvernement est dépendant des banquiers pour l'argent, ce sont ces derniers, et non les dirigeants du gouvernement qui contrôlent la situation, puisque la main qui donne est au-dessus de la main qui reçoit. L'argent n'a pas de patrie ; les financiers n'ont pas de patriotisme et n'ont pas de décence ; leur unique objectif est le gain.

Il s'agit donc pour lui de contrôler les banquiers pour soutenir la nouvelle monnaie, le Franc Germinal qui remplace les assignats, et de s'assurer des sources de financement des dépenses militaires.

La Banque de France conservera sa structure privée et restera administrée par le Conseil de régents jusqu'en 1936. Elle représentera la première capitalisation boursière de la place de Paris jusqu'au début du XXᵉ siècle. En 1928 la loi monétaire instituant le « franc Poincaré » (dévalué de 80 % par rapport au franc Germinal, suite à l'inflation provoquée par la Grande Guerre) établira un nouveau régime de couverture de la circulation fiduciaire par les réserves d'or (35 %). Ce régime prendra fin en 1939 dans le sillage de la suppression de la convertibilité des billets en or par le Front Populaire en octobre 1936.

Après la victoire électorale de 1936, le gouvernement du Front Populaire, dans un climat marqué par la stigmatisation des deux cents familles[2], décide de modifier les statuts de la Banque de France en supprimant le Conseil des Régents et en donnant aux pouvoirs publics les moyens d'intervenir plus directement dans la gestion pour pouvoir

---

2   Il y a une évidente confusion entre les deux cent familles riches désignées à la vindicte par un large éventail politique qui va de l'extrême-droite antisémite jusqu'à Trotsky, dans le contexte de la grande dépression, et les 200 actionnaires qui composent l'Assemblée générale de la Banque et qui sont les plus forts propriétaires de ses actions ».

mener une politique économique d'intérêt général. Il confie aussi à la Banque la gestion du tout nouveau Fonds de stabilisation des changes

La nationalisation de la Banque de France intervient après la Libération de la France, avec la loi du 2 décembre 1945.

En 1973, les statuts de la Banque de France connaissent une modification fondamentale avec la suppression du financement direct du Trésor, entrainant l'obligation pour la République d'emprunter sur les marchés. Cette disposition sera étendue par la loi de 1993 qui officialise l'indépendance de la Banque de France et lui interdit de pratiquer des découverts ou d'accorder tout autre type de crédit au Trésor public ou à tout autre organisme ou entreprise publics.

La loi du 12 mai 1998 modifiant le statut de la Banque de France adapte celui-ci à son intégration dans le Système européen de Banques centrales institué par le traité de Maastricht. La participation de la Banque à l'accomplissement des missions et au respect des objectifs qui sont assignés par le Traité se traduit par l'interdiction faite au Gouverneur et aux membres du Conseil de solliciter ou d'accepter des instructions du gouvernement ou de toute autre personne. En outre, le Conseil de la politique monétaire, maintenu quoiqu'il soit désormais sans pouvoir, « délibère dans le respect de l'indépendance de son président, membre du conseil des gouverneurs de la Banque centrale européenne, et des règles de confidentialité de celle-ci ».

LA RÉSERVE FÉDÉRALE DES ÉTATS-UNIS (FED) 1913

L'histoire de la Réserve fédérale nous amène sur un terrain nettement plus polémique, car elle incarne parfaitement l'interférence du champ privé, oligarchique et transnational avec le champ public. De plus, au cours des trente dernières années, la Fed s'est trouvée à l'avant-garde de l'évolution des politiques monétaires en faveur des marchés financiers.

Dès l'indépendance des États-Unis, le sujet de la Banque centrale a fait l'objet d'un désaccord profond parmi les hommes politiques. Les Présidents Jefferson (3e Président des États-Unis, de 1801-1809) et Jackson (7e de 1829 à 1837), notamment, se méfiaient d'un pouvoir économique excessif qui viendrait détruire l'équilibre démocratique savamment construit par la constitution de 1784. L'expérience de la « First Bank » des États-Unis, créée en 1791 pour une durée de vingt ans, ne fut pas renouvelée. Une seconde « Banque des États-Unis » connut un sort semblable un peu plus tard (entre 1816 et 1936). Les États-Unis traversèrent ainsi le reste du XIXe siècle et la révolution industrielle avec un système monétaire fragmentaire sans Banque centrale. Une telle structure s'avéra déficiente face aux crises financières répétées de la fin du siècle et du début du suivant, du fait de l'absence d'une institution exerçant la fonction de fournisseur ultime de liquidités. La Réserve fédérale fut ainsi créée en 1913, dans le plus grand secret, par un petit groupe de banquiers et industriels très puissants de New-York, avec la motivation explicite de remédier aux dysfonctionnements observés pendant la crise boursière de 1907.

Le Federal Reserve Act qui créait le système de Reserve fédérale fut voté après un lobbying intense conduit par le sénateur Nelson Aldrich, beau-père de John D. Rockefeller Jr., et dans des conditions douteuses, à la toute fin de l'année 1913. Il fut immédiatement promulgué par Woodrow Wilson le 29 décembre 1913[3]. Il instituait les Banques de Réserve fédérales régionales (initialement au nombre de huit, porté ultérieurement à douze) placées sous la supervision d'un Conseil des gouverneurs (*Federal Reserve Board*) constitué de sept membres nommés par le Président des États-Unis. Les Réserves fédérales régionales seraient chargées de mettre en œuvre la politique monétaire décidée par le *Federal Open Market Committee* (FOMC), composé des membres du Conseil des Gouverneurs, du président de la Reserve fédérale de New-York et de quatre autres présidents de Réserve fédérale régionale. Une monnaie unique était lancée pour l'ensemble de l'Union, le dollar des États-Unis (*Federal Reserve note*). Toutes les banques enregistrées aux États-Unis – y compris les banques « étrangères » – devaient devenir membres du système de Réserve fédérale et actionnaires d'une des banques de Réserve régionale, recevant une rémunération fixe de 6 % sur leurs actions.

Cette structure a été conservée telle quelle jusqu'à nos jours. La Réserve fédérale est donc bien une institution publique, titulaire d'un mandat légal, dont tous les dirigeants exécutifs sont nommés par le Président des États-Unis et dont le « Chairman » doit rendre compte

---

3   Parmi l'abondante littérature qui traite de cette création, certains ouvrages soulignent son caractère fondamentalement anticonstitutionnel et d'autres n'hésitent pas à la qualifier de plus grand hold-up de tous les temps. Voir Mullins Eustace 2010 et Sutton Antony. 2009.

au Congrès deux fois par an. Elle reste en même temps la propriété de banques privées dont la concentration au fil des décennies, jusqu'au dernier rush provoqué par la crise de 2008, a fini par constituer un véritable oligopole dominée par une poignée de géants mondiaux[4]. Ici s'entrouvre le sujet sulfureux de la non-transparence et de sa contrepartie obligée, les interprétations complotistes[5], que nous traiterons un peu plus loin.

La politique de la Fed est en principe inspirée par le triple mandat « emploi ; inflation, taux à long terme » dont nous avons fait état un peu plus haut. À mesure de la dérive progressive de l'économie américaine vers l'économie patrimoniale décrite dans notre première partie, cette politique a pris un caractère de plus en plus ouvertement « pro-mar-chés ». Le grand tournant de cette philosophie se situe à la fin des années 1990. Les minutes des débats du FOMC de l'automne 1996, ont en effet révélé un différend profond entre certains de ses membres. Un vif débat opposa alors le président Alan Greenspan, qui venait de provoquer un petit séisme boursier en prononçant la fameuse formule d'exubérance irrationnelle (*cf.* page 98), au gouverneur Lawrence Lindsey, alors que s'amorçait la gigantesque « bulle techno ».

> *According to the meeting transcripts for September of that year* [1996], *Lindsey challenged the expectation that corporate earnings would grow 11½ percent a year continually. He said, "Readers of this transcript five years from now can check this fearless prediction : profits will fall short of this expectation." According to the Bureau of Economic Analysis, corporate profits as a share of national income eroded from 1997 until 2001. Stock prices eventually collapsed, starting their decline in March 2000.*

---

4   « Je suis un homme des plus malheureux. J'ai inconsciemment ruiné mon pays. Une grande nation industrielle est contrôlée par son système de crédit. Notre système de crédit est concentré dans le privé. La croissance de notre nation, en conséquence, ainsi que toutes nos activités, sont entre les mains de quelques hommes. Nous en sommes venus à être un des gouvernements les plus mal dirigés du monde civilisé, un des plus contrôlés et dominés non pas par la conviction et le vote de la majorité mais par l'opinion et la force d'un petit groupe d'hommes dominants. » Woodrow Wilson, Président des États-Unis 1913-1921.

5   « Dix banques contrôlent les douze branches de la Réserve fédérale : N. M Rothschild de Londres, Rotshschild Bank de Berlin, la banque Warburg de Hambourg, la banque Warburg d'Amsterdam, Lehman Brothers de New York, Lazard Frères de Paris, la banque Kuhn-Loeb de New York, la banque Israel Moses Seif de Rome, Goldman Sachs de New York et la banque JP Morgan Chase de New York (…). William Rockefeller, Paul Warburg, Jacob Schiff et James Stillman sont les individus qui ont le plus d'actions à titre individuel dans la Réserve fédérale. The Federal Reserve is privately owned. Schauf Thomas 1991.

In contrast to Chairman Greenspan, Lindsey argued that the Federal Reserve had an obligation to prevent the stock market bubble from growing out of control. He argued that "the long term costs of a bubble to the economy and society are potentially great… As in the United States in the late 1920s and Japan in the late 1980s, the case for a central bank ultimately to burst that bubble becomes overwhelming. I think it is far better that we do so while the bubble still resembles surface froth and before the bubble carries the economy to stratospheric heights[6].

« Selon les transcriptions de la réunion de Septembre, Lindsey a contesté l'espoir que les bénéfices des entreprises augmenteraient de 11½ pour cent par an en permanence. "Les lecteurs de cette transcription pourront vérifier dans cinq ans cette prédiction courageuse : Les profits seront en deçà de cette attente" Selon le *Bureau of Economic Analysis*, les bénéfices des entreprises se sont érodés en tant que part du revenu national de 1997 à 2001. Les prix des actions se finalement effondrés à partir de 2000.

Contrairement au Président Greenspan, Lindsey a fait valoir que la Réserve fédérale avait l'obligation d'empêcher un gonflement non contrôlé de la bulle boursière. Il a fait valoir que "les coûts à long terme d'une bulle pour l'économie et la société sont potentiellement importants"… Comme aux États-Unis à la fin des années 1920 et au Japon à la fin des années 1980, l'obligation pour la Banque centrale de faire exploser la bulle est écrasante. "Je pense qu'il est beaucoup mieux que nous le fassions alors que la bulle ressemble encore à de la mousse de surface et avant qu'elle ne porte l'économie à des hauteurs stratosphériques". »

Greenspan ne devait plus jamais revenir sur sa conviction que la Banque centrale ne peut ni ne doit se prononcer sur d'éventuels excès spéculatifs, l'idée même de bulle spéculative étant de toute façon contraire à la théorie financière dominante à laquelle il adhérait. Le contrepoint de ce principe serait qu'en toutes circonstances, la Banque centrale remédierait aux conséquences de l'éventuel éclatement d'une improbable bulle. Les marchés donneront à cette doctrine le nom de « put[7] Greenspan ». Cette option « *market friendly* », sera confirmée par Ben Bernanke, successeur de Greenspan. Elle constitue la base du gigantesque aléa moral qui a conduit à la crise de 2008 et à la Grande Récession.

---

6   Wikipedia ; transcription des FOMC meetings. Board of Governors Federal Reserve.
7   Un Put est une option de vente, c'est à dire un contrat qui fixe à l'avance le prix auquel il sera possible de vendre un actif, quelle que soit la tendance du marché.

LA BUNDESBANK (BUBA) 1957

Avant et pendant la guerre de 1914-1918, la Reichsbank était partiellement contrôlée par un consortium de banques privées mais soumise au gouvernement. Son directeur à vie était nommé par le Kaiser. Ses revenus étaient partagés entre les actionnaires et le gouvernement. Après la Grande-guerre, les experts de la Ligue des nations chargés de « guider » l'Allemagne vers un redressement économique voulurent que la Reichsbank passe aux mains du capital privé uniquement. L'économiste Schacht, qui mit fin à la crise de l'hyper inflation[8], relate comment les alliés insistèrent pour que le Président de la Banque centrale soit plus indépendant face au gouvernement : « Le 26 mai 1922, la loi établissant l'indépendance de la Reichsbank et soutirant au Chancelier toute influence que ce soit sur la conduite des opérations de cette banque fut promulguée. » Contrairement aux allégations les plus répandues, l'hyperinflation se développa donc sous un régime de Banque centrale indépendante mais dont le gouverneur fut totalement débordé par la surimpression des billets qu'il avait lui-même organisé (il fit construire plus de cent imprimeries) !

Les dirigeants allemands de l'après-guerre ont, en créant la Bundesbank, poursuivi dans la voie de l'indépendance et donné une place essentielle à l'éthique comme garante de l'adhésion générale. Dans l'Allemagne de la reconstruction, cet ordre accepté par tous devait faire barrage à tout retour des dérives totalitaires. Cette vision était largement inspirée par la pensée du philosophe et sociologue Georg Simmel[9] dont nous citons le résumé qu'en donne Michel Aglietta :

> La monnaie est le symbole de la civilisation moderne. L'ordre monétaire a une base morale. Sa vertu est de contenir les tensions, les frustrations, les rivalités qu'une société concurrentielle d'individus libres engendre. C'est d'éviter la formation de tout pouvoir arbitraire, l'excroissance de puissances financières capables de détourner la discipline monétaire pour fabriquer des rentes et finalement détruire la société libérale elle-même[10].

On verra au chapitre traitant de l'indépendance des Banques centrales l'importance et le caractère visionnaire de la dernière proposition.

---

8 Il deviendra Président de la Reichsbank en novembre 1923 puis ministre de l'économie du 3ᵉ Reich de 1934 à 1937.
9 Simmel Georg. 1900.
10 Aglietta Michel 2016.

La conciliation des valeurs communautaires des classes moyennes et du libéralisme économique, fondatrice du capitalisme rhénan, se retrouvera à chaque tournant de l'histoire monétaire de l'Allemagne de l'après-guerre : (ré)unification avec l'Allemagne de l'est et absorption de l'Ostmark à la parité (contre une valeur réelle de 1 pour 2), adhésion à l'euro, crise grecque.

Il est toutefois assez cocasse que l'indépendance de la Buba, instituée légalement à sa création (la loi du 26 juillet 1957) remonte en fait à une loi de juillet 1951 consécutive à la révision du statut d'occupation de l'Allemagne. Cette loi mettait fin au pouvoir de contrôle sur la Banque des Länder, exercé jusque-là par les puissances d'occupation. L'indépendance ne faisait alors nullement consensus entre les dirigeants allemands et c'est le ministre Schäffer qui l'emporta contre l'avis d'Adenauer et Erhard. Dans un discours prononcé en 1956, Adenauer attaqua encore vivement le Conseil de la Banque centrale :

> Nous avons à faire ici à une institution qui n'est responsable devant personne, ni devant un parlement, ni devant un gouvernement. » Et il rajouta que les récentes décisions de la Banque centrale iraient « guillotiner les petites gens.

Devant le succès de la politique anti-inflationniste allemande, l'indépendance deviendra la règle pour toutes les banques centrales à la fin du XXe siècle et l'organisation de la Bundesbank servira de modèle pour la création de la BCE.

LA BANQUE CENTRALE EUROPÉENNE (BCE) 1998

La BCE est l'élément essentiel de l'Union Monétaire Européenne et l'organe central de l'Eurosystème qui regroupe les Banques centrales des pays membres de l'Union ayant adhéré à l'euro. Elle a pris en juin 1998 la suite de l'Institut Monétaire Européen créé par le traité de Maastricht pour préparer le passage à la monnaie unique. Le Système européen de banques centrales (SEBC) comprend, en plus de l'Eurosystème, les Banques centrales nationales des pays qui n'ont pas encore adopté l'euro et celles des pays qui comme le Danemark, la Suède et le Royaume-Uni jusqu'à sa sortie de l'Union bénéficient d'un statut dérogatoire.

En 2009, le Traité de Lisbonne a doté la BCE de la personnalité juridique. Le capital de la BCE est détenu par les Banques centrales nationales selon une clé de répartition déterminée par la part de chaque

État membre dans le PIB et la population de l'Union. L'indépendance de la BCE est inscrite dans les traités européens[11].

Le Comité exécutif de la Banque Centrale Européenne (directoire) est composé du président, du vice-président et de quatre autres membres. Ils sont nommés d'un commun accord par les chefs d'État ou de gouvernement des États de la zone euro, sur recommandation du Conseil de l'Union européenne et après consultation du Parlement européen et du Conseil des gouverneurs de la BCE, pour un mandat non renouvelable d'une durée de huit ans.

Le conseil des Gouverneurs, composé du directoire et des gouverneurs des banques centrales nationales de la zone euro définit la politique monétaire de la zone euro, y compris, le cas échéant, les objectifs monétaires intermédiaires, les taux directeurs et l'approvisionnement en réserves au sein de l'Eurosystème.

Depuis le 4 novembre 2014, la BCE est en charge de la supervision des 130 banques les plus importantes de la zone euro (Mécanisme de surveillance unique – MSU).

Les effectifs de la BCE n'ont cessé de croître depuis sa création, de 478 personnes en 1998 à 2577 à fin 2014. La tour qui abrite la BCE depuis 2015 peut accueillir 2 900 postes de travail.

Dans une intervention devant les Grandes Conférences Catholiques à Bruxelles, le 23 mars 2006[12], Jean-Claude Trichet n'a pas hésité à qualifier « d'exploit unique dans l'histoire monétaire » le lancement de la monnaie unique et la création de la BCE. Il a ensuite détaillé les éléments doctrinaires qui ont permis ce succès : unicité de l'objectif de stabilité des prix ; indépendance, clé de la crédibilité et de l'ancrage des anticipations d'inflation ; responsabilité devant l'opinion publique (?) ; contrainte budgétaire à travers le Pacte de stabilité. Celui-ci étant décrit comme un « moyen efficace pour pallier l'absence de budget fédéral ». En somme le strict credo ordo-libéral transposé de la Bundesbank…

---

11   « Dans l'exercice des pouvoirs et dans l'accomplissement des missions et des devoirs qui leur ont été conférés par le présent traité et les statuts du SEBC, ni la BCE, ni une banque centrale nationale, ni un membre quelconque de leurs organes de décision ne peuvent solliciter ni accepter des instructions des institutions ou organes communautaires, des gouvernements des États membres ou de tout autre organisme. Les institutions et organes communautaires ainsi que les gouvernements des États membres s'engagent à respecter ce principe et à ne pas chercher à influencer les membres d'organes de décision de la BCE ou des banques centrales nationales dans l'accomplissement de leurs missions. » Article 130 du TFUE.

12   http://www.ecb.europa.eu/press/key/date/2006/html/sp060323.fr.html

En l'absence de gouvernement politique unifié et alors que les décisions de l'Union doivent être prises à l'unanimité des 28 États membres, l'indépendance statutaire de la BCE la dote (et dote son Conseil des Gouverneurs) du seul pouvoir politique européen à caractère fédéral. En plus du vice de forme d'une zone monétaire incomplète, en l'absence de convergence fiscale ou sociale, l'euro et sa Banque centrale représentent ainsi une rupture dramatique dans la relation entre monnaie et souveraineté, patiemment construite depuis trois siècles. L'abandon de souveraineté de chaque peuple ne saurait être légitime − et par conséquent acceptable − que s'il lui est substituée une relation équivalente au niveau européen. Il ne faut donc pas s'étonner que la mise à distance complète du politique et de sa représentation démocratique, du fait de la vacance institutionnelle et de la non-négociabilité du modèle allemand au plan opérationnel, déclenche les réflexes souverainistes et les poussées populistes.

Ce survol historique de la création des Banques centrales du monde réel ouvre une première brèche dans l'image uniforme de sagesse économique et de vertu démocratique qu'on en donne le plus souvent. Les trois prochains chapitres vont mettre en lumière sans ménagement leurs faiblesses et leurs défauts, jusqu'aux graves erreurs de diagnostics et de stratégies de certains de leurs dirigeants.

LES FONDEMENTS THÉORIQUES
DE L'ACTION DES BANQUES CENTRALES

Du monétarisme aux modèles DSGE

LA THÉORIE QUANTITATIVE ET SES LIMITES

Tout le monde connaît la phrase de Milton Friedman :

> L'inflation est toujours et partout un phénomène monétaire en ce sens qu'elle est et qu'elle ne peut être générée que par une augmentation de la quantité de monnaie plus rapide que celle de la production.

Cette formule, prononcée au cœur d'une période où le dérapage général des prix menaçait de devenir incontrôlable, est incomplète pour deux raisons.

En premier lieu, elle ne traite que du côté *nécessaire* de la chose. Il faut impérativement une création monétaire excessive pour que l'inflation puisse se développer et celle-ci ne sera donc efficacement combattue que si l'on bride toute création intempestive. Qu'en est-il, en revanche, du côté *suffisant* de l'affaire. Une augmentation de la quantité de monnaie plus rapide que celle de la production débouche-t-elle toujours sur l'inflation ? Rien n'est moins sûr, au moins tant qu'on ne précise pas quelles sortes de prix sont inflatés. Le Japon (1985-1990) et les États-Unis (2002-2007 et 2009-2013) ont connu des phases de forte expansion monétaire qui n'ont eu quasiment aucun impact sur le niveau général des prix et des salaires mais ont contribué à l'envolée des prix de différents actifs, matières premières, immobilier, valeurs mobilières.

En second lieu, la période récente démontre que la formule ne peut être renversée. La déflation n'est jamais, nulle part, un phénomène strictement monétaire. Elle est générée par un choc sur la demande globale provenant de l'excès de dettes et déclenchant une spirale de liquidations. C'est la théorie de la déflation par la dette élaborée par Irving Fisher après la crise de 1929 (qui l'avait ruiné)[1]. Ou elle peut provenir de la baisse des salaires et des pensions, c'est la déflation des revenus, telle que l'organisèrent Brüning ou Laval dans les années 1930 et telle que la vivent les pays d'Europe méridionale aujourd'hui.

Au total, l'inflation comme la déflation ont à voir en premier lieu avec la demande globale, la politique monétaire n'intervenant ici que comme facteur aggravant ou modérateur des mécanismes fondamentaux. La doctrine commune est aujourd'hui qu'un peu d'inflation ne peut pas faire de mal et qu'une illusion monétaire[2] bien contrôlée met « de l'huile dans les rouages » économiques, sous forme d'une petite marge d'ajustement entre valeur faciale et valeur réelle. Mais comme par ailleurs subsiste la hantise d'une inflation qui, comme la pâte dentifrice, ne pourrait plus rentrer dans le tube une fois qu'elle en serait sortie, le consensus s'établit – pour l'heure et sans la moindre justification théorique – sur une inflation contrôlée autour de 2 %.

Au plan opérationnel, la doctrine monétariste est aujourd'hui rejetée parce qu'il est apparu que le contrôle de la monnaie de Banque centrale (M0) ne permettait pas de réguler la création de monnaie de crédit par les banques (M2, M3) du fait d'une double instabilité, celle du multiplicateur monétaire d'une part et celle de la vitesse de circulation de la monnaie d'autre part.

On distingue quatre (ou cinq) indicateurs représentant les différents stades d'agrégation de la masse monétaire

M0, appelée aussi base monétaire ou monnaie de banque centrale représente l'ensemble du passif monétaire domestique de la Banque centrale : pièces et billets en circulation, avoirs enregistrés dans les comptes de réserves des banques commerciales. Les opérations de Quantitative Easing consistent à augmenter la taille du bilan de la Banque centrale par des achats de titres dont la contrepartie est inscrite dans ces comptes de réserves.

M1 est égale à la part des pièces et billets de M0 augmentée des dépôts à vue dans les banques commerciales.

M2 correspond à M1 augmentée des dépôts à termes inférieurs ou égaux à deux ans et les dépôts assortis d'un préavis de remboursement inférieur ou égal à trois mois. Pour la France, il s'agit des différents livrets d'épargne.

---

1 Fisher Irving. 1933.
2 L'illusion monétaire se réfère à la différence entre les valeurs nominales et les valeurs "réelles" après prises en compte de l'inflation. On peut par exemple faire baisser les salaires réels (ou les pensions de retraite) en les augmentant de 1 % quand l'inflation est de 2 %.

M3 est la masse monétaire au sens large. Elle est composée de M2 à laquelle sont ajoutées les titres de créances négociables émis par les banques et autres institutions financières monétaires (certificat de dépôt et autres titres de créance de durée inférieure ou égale à deux ans) et les fonds communs de placement monétaires.

M4 résulte de M3 à laquelle on rajoute les titres de créances émis par les entreprises non financières et l'État (Bons du Trésor).

NB. Les États-Unis ont abandonné les statistiques sur M3 à la fin des années 1990. M4 est un indicateur peu usité.

ENCADRÉ 3 – Les mesures de la masse monétaire.

PAUL VOLCKER, UNE EXPÉRIENCE MONÉTARISTE SANS LENDEMAIN MAIS PAS SANS EFFETS

L'action menée par Paul Volcker au tournant des années 1980 pour mettre fin à la dérive inflationniste des années 1970 était directement inspirée par les théories quantitatives de la monnaie et visait à contrôler l'inflation à travers le ciblage de la masse monétaire. Basant le pilotage du taux directeur sur la variation de la quantité de monnaie centrale au fil des statistiques mensuelles, Volcker n'a pas hésité à faire subir à ce taux des variations d'amplitude considérable. Cette action ultra-restrictive qui marqua le début d'un cycle de désinflation qui devait durer plus de trente ans déclencha une sévère récession mondiale et la première grande crise de la dette des pays émergents (Mexique 1982) incapables de supporter la brutale élévation de leurs factures d'intérêts.

OTMAR ISSING, LA VERSION ORDO-LIBÉRALE DE LA DOCTRINE QUANTITATIVE

Partant d'un principe de neutralité de la monnaie à moyen terme et acceptant a contrario qu'elle peut jouer un rôle dans les variations à court terme des grands agrégats, la Bundesbank adopta en 1974 une stratégie monétariste, initialement fondée sur le ciblage de M1, puis à partir de 1988 sur celui de M3. Otmar Issing, *chief economist* de la Bundesbank de 1990 à 1998 et membre du directoire de la BCE (1998-2006)[3] déclarait en 1995

---

3   Avant de rejoindre…Goldman Sachs.

L'un des secrets du succès de la politique allemande d'objectif quantitatif tenait à ce que ses modalités techniques n'ont pas obéi à une stricte ortho-doxie monétariste[4].

La fixation d'un objectif de croissance monétaire relevait en réalité d'une stratégie de communication visant à faire de la stabilité une affaire collective. Il n'y avait pas d'automaticité dans les inflexions de la politique mais une vigilance et la menace d'ajustement, connues de l'ensemble des agents économiques, en cas de déviation par rapport aux objectifs annoncés. C'est à travers cette stratégie qu'est née la notion, fondamentale pour le *central banking* des années 1990-2000, de crédibi-lité. L'adéquation de cette stratégie à la vision ordo-libérale de la société allemande, à travers le rôle essentiel de la négociation et des compromis salariaux et l'impact réflexif de la norme affichée par la Banque centrale en font une expérience unique. Sa transposition forcée à l'ensemble des pays adoptant l'euro relevait, au mieux, d'une douce utopie.

LE CIBLAGE DE L'INFLATION (*INFLATION TARGETTING*)
De la règle de Taylor aux DSGE

À la fin des années 1990, l'action de la Réserve fédérale a évolué vers le ciblage direct de l'inflation. Dans un premier temps, cette pratique a été inspirée par la courbe de Phillips[5] et sa déclinaison opérationnelle dans la règle dite de Taylor. L'idée fondatrice est qu'un niveau de crois-sance peut être associé à un taux de chômage optimal (NAIRU[6]) qui ne génère pas d'inflation par le biais de revendications salariales. Le taux directeur cible de la Banque centrale doit alors être fixé de manière non discrétionnaire à partir d'une règle explicite faisant intervenir deux écarts : l'écart entre la croissance réelle et son niveau potentiel non

---

4   Mishkin Frederic 2007.
5   Découverte empiriquement sur un siècle de données relatives au Royaume-Uni et pré-sentée en 1958, la courbe de l'économiste néo-zélandais Alban Phillips met en évidence une relation inverse entre inflation et chômage.
6   *Non Accelerating inflation Rate of Unemployement*. Taux de chômage n'entrainant pas d'accélération de l'inflation.

inflationniste (*output gap*) et l'écart entre l'inflation réelle et l'inflation cible (2 %). Cette politique a été introduite pour la première fois en Nouvelle-Zélande en février 1990.

À partir des années 2000, sous l'impulsion de Bernanke, la Fed s'est écartée de cette application de la règle stricte au profit d'une gestion plus adaptative consistant à projeter au moyen de modèles économétriques les conséquences de ses décisions à horizon de deux ans. En même temps, étaient intégrés dans le processus de décision des éléments qualitatifs, par exemple la faiblesse des créations d'emplois provenant de la reprise à partir de 2003 (*jobless recovery*) ou des facteurs externes comme l'état des économies partenaires. Deux éléments concouraient à la mise en œuvre de cette nouvelle politique, conçue dans le cadre théorique des anticipations rationnelles et visant à stabiliser (ancrer) les anticipations des agents économiques : le gradualisme et la prévisibilité des modifications des taux directeurs.

Les outils de prévision reposaient sur des modèles « structurels » complexes, les Dynamic Stochastic Global Equilibrium (DSGE). Ces modèles relèvent du courant néo-keynésien, qui est une sorte de compromis entre la théorie néo-classique et certains apports de Keynes mais qui reste fondamentalement ancré sur l'idée absolument non keynésienne d'un équilibre général et qui privilégie, au plan méthodologique, l'approche microéconomique de la macro-économie.

LA BCE, DE LA STRATÉGIE À DEUX PILIERS
AU CIBLAGE DE L'INFLATION

Construite à l'image de la Bundesbank, la BCE a, dans ses premières années, conduit une stratégie à deux piliers reposant d'une part sur un ciblage monétaire quantitatif et, d'autre part, sur la prise en compte des facteurs macro-économiques déterminant les tendances inflationnistes. La stricte cible implicite pour l'inflation – de 0 % à 2 % (*zwei komma null*) – fut sévèrement critiquée, notamment par Krugman (1996) et Blanchard (1998) comme induisant un biais restrictif permanent du fait de l'asymétrie des fluctuations possibles en dehors de cette zone entre celles rarissimes et très limitées sous zéro, et celles très fréquentes et d'amplitudes illimitées au-dessus de 2 %. Une importante réforme fut adoptée en 2003, équivalent quasiment à l'abandon du ciblage quantitatif style Buba au profit d'un ciblage de l'inflation dans une fourchette réduite à 1 %-2 % reposant sur l'évaluation des paramètres macro-économiques et leur projection. En novembre 2013, Peter Praët, économiste en chef de la BCE confessera publiquement le désarroi de la BCE devant le risque de décrochage de l'inflation sous 1 % et la possible dislocation de l'ancrage des anticipations, nœud de cette stratégie.

LES DSGE OU LA ROCHE TARPÉIENNE…

Au cours des années 2000, toutes les stratégies des Banques centrales ont convergé vers le modèle global de ciblage de l'inflation fondé sur la prospective modélisée par les DSGE. Le succès des politiques monétaires guidées par ces modèles, jusqu'à la crise de 2008, a contribué à l'hubris de cette période que l'on a appelée « la Grande Modération » et dont la prétendue prospérité aurait reposé précisément sur la conduite de la politique monétaire. Par sa lisibilité-prévisibilité et par son gradualisme, celle-ci aurait permis de réduire la volatilité des trajectoires de croissance et d'inflation et de faire baisser durablement les primes de risque sur les actifs financiers.

> Soucieuses de se doter d'outils d'aide à la décision robustes et précis, les Banques centrales ont accompagné les évolutions de la modélisation macro-économétrique. Elles ont été à l'origine de certains développements et participent aujourd'hui très activement à la mise en œuvre des modèles DSGE. Ces derniers sont aujourd'hui des outils indispensables pour l'analyse macroéconomique et l'évaluation des politiques économiques et sont de plus en plus utilisés pour la prévision macroéconomique (…) Il s'agit ici de faire le point sur les éléments objectifs qui font des modèles DSGE des instruments fiables et robustes d'analyse de politique économique, notamment de la politique monétaire[7].

Après avoir été si naïvement encensés, ces modèles ont été sévèrement mis en cause par la crise de 2008 qu'ils n'avaient pas su prévoir. Dans

---

7   Avouyi-Dovi Sanvi., Matheron Julien., Fève Patrick., 2007.

le discours prononcé le 18 novembre 2010 à la conférence organisée par la Banque centrale Européenne sur le thème des « Leçons à tirer de la crise », Jean-Claude Trichet qui en est encore le Président n'y va pas par quatre chemins :

> Lorsque la crise s'est déclenchée, les limites sérieuses des modèles économiques et financiers existants sont immédiatement apparues. Les modèles macro n'avaient pas prévu la crise et ils semblaient incapables d'expliquer de manière convaincante ce qui se passait dans l'économie [...] La leçon essentielle que je voudrais tirer de notre expérience c'est le danger qu'il y a à se reposer sur un seul outil, une seule méthodologie, un seul paradigme.

Ces propos sont à rapprocher, évidemment, de ceux tenus par Alan Greenspan dans sa déposition devant le Congrès en octobre 2008 (*cf.* note page 81).

CRITIQUE MÉTHODOLOGIQUE DES DSGE

En premier lieu, ces modèles postulent que les comportements microéconomiques peuvent être résumés par le comportement d'un agent représentatif, doté des caractéristiques de la population entière. Les problèmes de coordination et d'agrégation des comportements individuels nécessaires pour bâtir une dynamique macroéconomique sont ainsi évacués par hypothèse, alors qu'ils sont cruciaux dans les phases de crise. C'est ici toute la formulation micro-économique de la macroéconomie, imposée notamment par Robert Lucas dans la version ultime de la théorie néo-classique, qui est remise en cause.

En second lieu, cet agent représentatif est supposé être doté de capacités cognitives très sophistiquées et avoir accès à une information complète, ce qui lui permet, sous l'hypothèse d'anticipations rationnelles, de prendre les décisions optimales. D'autres champs des sciences sociales, de la théorie des jeux à la finance comportementale, ont au contraire démontré, et montré expérimentalement, l'inanité de l'hypothèse de rationalité stable et symétrique des agents.

Enfin, la grande faiblesse de ces modèles est la non-prise en compte des déséquilibres du système financier lui-même.

Lors de la session 2015 du symposium annuel de Jackson Hole, dont le thème était « les dynamiques de l'inflation et la politique monétaire » deux chercheurs[8] ont présenté une étude critiquant les modèles DSGE comme instruments trop simplificateurs du ciblage de l'inflation. Ils relevaient que ces modèles ont été associés à la période inédite de stabilité des prix et de croissance sans heurts que d'autres ont nommé la Grande Modération et qu'ils appellent la décade NICE (*Non Inflationary Consistently Expansionary*). Ils mettaient en lumière la présence de facteurs perturbateurs, qu'ils nomment "*disparate confounding factors*" où le terme « *confounding* » suggère que leurs variations compliquent la détermination d'une politique monétaire appropriée. Ils citent, entre autres, les grands ratios, taux d'endettement des ménages, part de la consommation dans le PIB, différentiels de taux d'inflations selon les secteurs, la variation de la prime de terme etc. Ils recommandent de leur porter la plus grande attention car leurs variations constituent la règle, alors que les dynamiques cycliques "normales", qui ont fait l'objet des modélisations poussées et qui les ignorent, ne sont que des exceptions (*attractions*).

---

8   Faust Jon., Leeper Eric. 2015.

L'INDÉPENDANCE
GARANTIT-ELLE L'INFAILLIBILITÉ ?

La lecture des lignes qui précèdent fait surgir, au sujet des Banques centrales, la question qui revient régulièrement à propos des magistrats : leur indépendance, désormais inscrite comme un pilier de l'État de droit et de libre entreprise, est-elle un gage d'infaillibilité ? Associée à des mandats spécialement longs (huit ans parfois renouvelables) n'est-elle pas au contraire un facteur de risque considérable vu les conséquences potentiellement tragiques des erreurs éventuelles ? Le chapitre précédent a permis de montrer comment leurs outils de prévision avaient conduit les Banquiers centraux à sous-estimer les risques systémiques entre 2005 et 2008. L'étude factuelle des décisions de pilotage des taux directeurs dans les années 1920-1930[1] aussi bien que 1990-2010 les expose également à une critique sévère pour cause d'anachronisme et/ou de contresens. Enfin, tant le poids de l'histoire que les trajectoires des hommes eux-mêmes conduisent à se demander, s'agissant d'un sujet aussi peu objectivable que l'économie politique, si l'indépendance peut être vraiment synonyme d'infaillibilité ? Ou même seulement d'impartialité.

LE POIDS DE L'HISTOIRE

Véritables icones de la société financiarisée, les banquiers centraux sont aussi des hommes. Leur action, inspirée par leur sens du devoir vis-à-vis de l'État, dépend aussi de leurs compétences en tant qu'économistes

---

1   *cf.* Les erreurs commises par la *Reichbank* indépendante depuis 1922, de l'hyperinflation de 1923 à la politique déflationniste de 1930 à 1932, et celle de la Réserve fédérale en 1929-1932.

qui, comme on l'a vu dans la première partie, ne peuvent être exemptes de convictions politiques voire d'idéologie. De plus, les traumatismes qui jalonnent l'histoire propre à chaque pays ont laissé des empreintes spécifiques qui influencent fortement les politiques pratiquées. À cela s'ajoute dramatiquement le caractère quasi monolithique des filières : les banquiers centraux des États-Unis sont des universitaires de tendance néo-classique ou néo-keynésienne ; les allemands sont également des universitaires mais majoritairement issus de l'école ordo-libérale ; les français sont des hauts fonctionnaires issus de l'Inspection des finances mais dépourvus de spécialisation économique préalable.

L'ALLEMAGNE, LA GRANDE INFLATION ET L'ORDRE MORAL

Les allemands sont marqués à jamais par l'inflation galopante de 1923, bien que le lien souvent avancé entre celle-ci et la montée du nazisme soit anachronique. L'essor du parti nazi et l'élection d'Hitler à la chancellerie (1933) sont en effet bien plus imputables aux effets dévastateurs de la crise de 1929 et à la politique déflationniste mise en place par le chancelier Brüning à partir de mars 1930, qui poussera le taux de chômage jusqu'à 30 %. La mémoire de l'hyper-inflation fera néanmoins de la stabilité monétaire et de la désinflation compétitive le « mantra » constant de la nouvelle Banque centrale allemande :

> La Banque centrale, comme l'ordre concurrentiel, doit fonctionner de manière aussi automatique que possible. Faute de quoi l'ignorance, la faiblesse envers les groupes d'intérêt et l'opinion publique feraient dévier les responsables monétaires de leur objectif sacré : la stabilité.
> Eucken (1952).

Les présidents de la Bundesbank sont sans exception des économistes, issus des universités allemandes. Le plus célèbre d'entre eux, Hans Tietmeyer, avait été élève d'Alfred Müller-Armack et de Ludwig Erhard, tous deux ordo-libéraux convaincus et promoteurs de l'économie sociale de marché (terme inventé par le premier en 1946 et mis en œuvre par le second, successeur d'Adenauer à la Chancellerie).

LES ÉTATS-UNIS, LA GRANDE DÉPRESSION

Le traumatisme américain est lui aussi relatif à la Grande Dépression des années 1930 mais plus que la chute brutale de la production (50 % entre 1929 et 1932) et le taux de chômage associé (25 %) c'est la politique monétaire restrictive mise en place par la Reserve fédérale de New-York, avant et surtout après le krach boursier, qui hante les autorités monétaires. Le mantra sera cette fois de noyer le système bancaire sous les liquidités à chaque crise financière, principe mis en application pour la première fois après le lundi noir d'octobre 1987.

Les présidents de la Réserve Fédérale sont toujours des économistes académiques, chercheurs et parfois enseignants (Bernanke à Stanford et Princeton, Yellen à Berkeley, Harvard et LSE).

LA FRANCE, L'HUMILIATION DES DÉVALUATIONS

Les dévaluations à répétition du premier septennat de François Mitterrand, cinq au total contre le deutschemark entre 1981 et 1986, ont mis fin, dans l'humiliation, à une série que l'on peut faire remonter, au choix, à 1958 (Pinay) 1928 (Poincaré) ou plus loin encore (le franc germinal). Une manière extrêmement frappante de mesurer cette trajectoire consiste à rappeler que le franc suisse et le franc français étaient à parité en 1914 mais qu'il fallait bel et bien 400 anciens francs français pour acheter un seul franc suisse en 1998 au moment du passage à l'euro. À partir de 1986, la doctrine du franc fort arrimé au deutschemark et l'adhésion au principe d'amélioration des termes de l'échange ou désinflation compétitive sont devenues les moteurs exclusifs de la politique monétaire française, obligeant la Banque de France à pratiquer des taux réels très excessifs pour s'aligner sur les impératifs de la réunification allemande. Le taux de chômage est alors devenu, de manière quasi officielle, une variable d'ajustement de ces politiques.

Si on peut déplorer que les économistes qui dirigent les Banques centrales allemandes ou américaines ou encore la BCE (Duisenberg, Draghi) ne soient affiliés qu'à une seule école de pensée économique, néo-classique ou son émule néo-keynésienne ou sa variante ordo-libérale, les gouverneurs de la Banque de France n'ont jamais été des économistes de formation et très rarement des banquiers de métier. Ils sont sans exception des hauts fonctionnaires, membres d'un sérail ultra resserré issu d'une filière élitiste et endogamique (X, ENA, Inspection des finances, direction du Trésor).

Les mémoires récemment publiés par Jacques de La Rosière (2016), Gouverneur de la Banque de France de 1987 à 1993, après avoir été Directeur du Trésor puis Directeur général du FMI, sous le titre prometteur de « cinquante ans de crises financières » sont sans conteste celle d'un grand commis de l'État, intègre et pénétré de sa mission. Mais on y cherche en vain le moindre élément de théorie économique justifiant son action, que ce soit au FMI ou à la Banque de France. À peine une demi-page est consacrée à l'évocation, pour aussitôt les rejeter, des critiques du « consensus de Washington » au nom duquel de sévères programmes d'ajustement furent imposés aux pays en voie de développement surendettés ; aucune justification n'est donnée des fameuses réformes structurelles. Aucune explication – ni a fortiori aucune remise en question – n'est proposée pour l'adhésion au franc fort et ce qu'il a coûté à l'économie française, ce que l'auteur admet pourtant ; juste un demi-mot sur le « hasard moral » et un regret que le *« too big to fail »* nuise au modèle de banque universelle qui réussit si bien à l'Europe (sic) ! ! !

Le texte est en fait, pour l'essentiel, une floraison d'éloges pour les homologues étrangers de l'auteur et les innombrables relations d'amitiés qu'il a nouées dans les cercles les plus influents de la planète. On aurait bien sûr préféré voir ces éloges confrontés aux effets dévastateurs de la dérégulation, dont la timide critique est le seul élément de l'ouvrage vraiment en rapport avec son titre. Car ce sont bien certains desdits-homologues et amis, parmi les plus haut placés, qui ont été et sont encore les promoteurs et lobbyistes acharnés de la libéralisation totale de la sphère financière. Bref tout va mal, le monde est en crise financière depuis cinquante ans mais aucun des grands dirigeants que Jacques de la Rosière a côtoyés dans sa prestigieuse carrière n'est fautif…Au total, seule la fin du système monétaire international fondé à Bretton Woods est à blâmer et aucun dirigeant ni aucune doctrine n'en est responsable.

LES HOMMES, LEURS FORMULES MAGIQUES
ET LEURS PLUS BELLES ERREURS

ALAN GREENSPAN, DE « L'EXUBÉRANCE IRRATIONNELLE »
AU « CONUNDRUM » DES TAUX LONGS :
BEAUCOUP DE BRUIT MAIS AU FINAL UNE POLITIQUE
ESSENTIELLEMENT RÉACTIVE ET DE PLUS EN PLUS PRO-MARCHÉS

Président de la Réserve fédérale de 1987 à 2006, le « Maestro » Greenspan aurait pu être au « *central Banking* » ce que le géant néo-zélandais Jonah Lomu a été au rugby professionnel, la figure emblématique d'un nouveau Banquier central devenu le personnage-clé de l'économie mondiale…Aurait pu, écrivons-nous, s'il ne s'était lourdement trompé à plusieurs reprises, notamment sur le rôle du soi-disant miracle de la productivité dans l'incroyable envolée des valeurs technologiques[2].

À mesure que la finance prenait le pas sur l'économie réelle et que la médiatisation des fluctuations des marchés monopolisait l'attention, Greenspan a créé peu à peu son personnage énigmatique, mélange de doutes et d'affirmations péremptoires, soufflant sur les marchés alternativement le chaud – pour les rassurer – et le froid – pour les calmer –. Cultivant avec un plaisir évident la confusion dans ses propos (« si vous avez compris ce que je viens de dire, c'est que je me suis mal exprimé »), il a aussi pesé de toute son autorité morale et institutionnelle pour instaurer cette économie patrimoniale, cette expansion « *market driven* », bien au-delà de sa mission.

Greenspan a surtout pris avec constance parti pour l'innovation financière comme facteur de progrès général, s'opposant de manière systématique à toute régulation des produits dérivés.

> *Recent regulatory reform, coupled with innovative technologies, has stimulated the development of financial products, such as asset-backed securities, collateral loan obligations, and credit default swaps, that facilitate the dispersion of risk.*

---

2   Après avoir, sur l'incitation de Robert Shiller, proféré l'idée d'exubérance irrationnelle des marchés et provoqué un petit séisme boursier en octobre 1996, il est revenu sur ce jugement en expliquant qu'un Banquier central n'était pas mieux place que le Marché pour juger de la formation d'une bulle et que les gains de productivité/rentabilité des NTIC pouvaient justifier les évaluations (pourtant délirantes) des stars de la Nouvelle Économie.

Conceptual advances in pricing options and other complex financial products, along with improvements in computer and telecommunications technologies, have significantly lowered the costs of, and expanded the opportunities for, hedging risks that were not readily deflected in earlier decades. The new instruments of risk dispersal have enabled the largest and most sophisticated banks, in their credit-granting role, to divest themselves of much credit risk by passing it to institutions with far less leverage. Insurance companies, especially those in reinsurance, pension funds, and hedge funds continue to be willing, at a price, to supply credit protection.

These increasingly complex financial instruments have contributed to the development of a far more flexible, efficient, and hence resilient financial system than the one that existed just a quarter-century ago.

Remarks by Alan Greenspan Before the National Italian American Foundation, Washington, D.C. October 12, 2005)

« La récente réforme de la réglementation, associée à des technologies innovantes, a stimulé le développement de produits financiers tels que les titres adossés à des actifs, les obligations garantie par des prêts et les swaps sur défaut de crédit, qui facilitent la dispersion du risque. Les avancées conceptuelles dans la tarification des options et d'autres produits financiers complexes, ainsi que les améliorations apportées aux technologies informatiques et de télécommunications, ont considérablement réduit les coûts et ont élargi les possibilités de couverture de risques dont il n'était pas facile de se défaire facilement au cours des décennies précédentes. Les nouveaux instruments de dispersion des risques ont permis aux grandes banques les plus sophistiquées, de se départir de beaucoup de risques pris dans leur rôle d'octroi de crédits en les transférant à des institutions comportant moins d'effet de levier. Les compagnies d'assurance, en particulier les réassureurs, les caisses de retraite et les fonds spéculatifs continuent de vouloir, à un certain prix, fournir une protection de crédit.

Ces instruments financiers de plus en plus complexes ont contribué au développement d'un système financier beaucoup plus souple, efficace et résistant que celui qui existait il y a un quart de siècle ».

Il loua ainsi sans réserve l'inventivité des établissements de crédit hypothécaire arrivant à prêter à des débiteurs « normalement » non éligibles et encourageant ces derniers à emprunter à taux variable, au moment même où il s'apprêtait lui-même à augmenter les taux directeurs de 4 %.

One way homeowners attempt to manage their payment risk is to use fixed-rate mortgages (…). Recent research within the Federal Reserve suggests that many homeowners might have saved tens of thousands of dollars had they held adjustable-rate mortgages rather than fixed-rate mortgages during the past decade, though this would not have been the case, of course, had interest rates trended sharply upward (…). American

consumers might benefit if lenders provided greater mortgage product alternatives to the traditional fixed-rate mortgage. To the degree that households are driven by fears of payment shocks but are willing to manage their own interest rate risks, the traditional fixed-rate mortgage may be an expensive method of financing a home.
(Chairman Alan Greenspan At the Credit Union National Association 2004 Governmental Affairs Conference, Washington, D.C. February 23, 2004)

« Une façon dont les propriétaires essaient de gérer leur risque de paiement consiste à utiliser des prêts hypothécaires à taux fixe (…). La recherche récente au sein de la Réserve fédérale suggère que de nombreux propriétaires auraient pu économiser des dizaines de milliers de dollars s'ils avaient détenu des prêts hypothécaires à taux variable plutôt que des prêts hypothécaires à taux fixe au cours de la dernière décennie, bien que cela n'aurait pas été le cas, bien sûr, si les taux d'intérêt avaient été nettement orientés à la hausse (…). Les consommateurs américains pourraient être gagnants si les prêteurs fournissaient des solutions de rechange à l'hypothèque traditionnelle à taux fixe. Dans la mesure où les ménages sont motivés par les craintes de chocs de paiement mais sont prêts à gérer leurs propres risques de taux d'intérêt, l'hypothèque traditionnelle à taux fixe peut être un moyen coûteux de financer une maison ».

Especially in the past decade, technological advances have resulted in increased efficiency and scale within the financial services industry. Innovation has brought about a multitude of new products, such as subprime loans and niche credit programs for immigrants. Technological advancements have significantly altered the delivery and processing of nearly every consumer financial transaction, from the most basic to the most complex (…). With these advances in technology, lenders have taken advantage of credit-scoring models and other techniques for efficiently extending credit to a broader spectrum of consumers. The widespread adoption of these models has reduced the costs of evaluating the creditworthiness of borrowers, and in competitive markets cost reductions tend to be passed through to borrowers. Where once more-marginal applicants would simply have been denied credit, lenders are now able to quite efficiently judge the risk posed by individual applicants and to price that risk appropriately.
Remarks by Chairman Alan Greenspan at the Federal Reserve System's Fourth Annual Community Affairs Research Conference, Washington, D.C. April 8, 2005)

« Au cours de la dernière décennie, les progrès technologiques ont abouti sur grande échelle à une plus grande efficacité au sein du secteur des services financiers. L'innovation a entraîné une multitude de nouveaux produits, tels que les prêts subprime et les programmes de crédit de niche pour les immigrants. Les progrès technologiques ont considérablement modifié la prestation et le traitement de presque toutes les transactions financières des consommateurs, de la plus basique à la plus complexe (…). Avec ces progrès technologiques, les prêteurs ont profité des modèles de notation de crédit et d'autres techniques pour étendre efficacement le crédit à un plus large éventail de consommateurs. L'adoption généralisée de ces modèles a réduit les coûts d'évaluation de la solvabilité des emprunteurs et, dans les marchés concurrentiels, les réductions de coûts ont tendance à être transmises aux emprunteurs. Là où autrefois les demandeurs les plus marginaux auraient tout simplement été privés de crédit, les prêteurs sont maintenant en mesure de juger très efficacement du risque posé par les demandeurs individuels et d'appréhender le prix de ce risque de manière appropriée ».

Dans sa déposition devant le Congrès en octobre 2008, Greenspan a admis s'être trompé sur la capacité d'auto-régulation des marchés et des banquiers. Mais il n'est pas revenu sur un des piliers de sa stratégie qui est que les bulles ne peuvent être ni détectées ni enrayées durant leur formation et que le seul recours est d'inonder le marché et le système bancaire de liquidités, une fois qu'elles ont éclaté. Ce point de vue avait pourtant été fortement critiqué par le Gouverneur de la Riksbank suédoise lors de l'édition 2007 du Symposium annuel de la Fed de Kansas City.

> *In my view it is well worth keeping an eye on house prices and other asset prices and passing judgment on the risks that their developments may give rise to. If the probability of very negative outcomes can be reduced ex ante, I believe this to be a good thing and a better solution compared to picking up the pieces ex post (…) We must explain that we do not target house prices but that we do not ignore risks associated with them.* (Jackson Hole Août 2007)

> « À mon avis, cela vaut la peine de garder un œil sur les prix des logements et les prix des autres actifs et de juger sur les risques qui peuvent naître de leur évolution. Si la probabilité de développements très négatifs peut être réduite ex ante, je crois que c'est une bonne chose et une meilleure solution que de ramasser les morceaux ex post (…) Nous devons expliquer que nous ne ciblons pas les prix des logements mais que nous n'ignorons pas les risques qui leur sont associés. »

Greenspan n'a pas non plus trop insisté sur le rôle de la Fed dans la diminution des primes de risque et la baisse des rendements obligataires, bien qu'il ait averti, peu de temps après la fin de son mandat (2006), que les périodes de primes de risque peu élevées étaient souvent suivies de lendemains pénibles

> *History has not dealt kindly with the aftermath of protracted periods of low risk premiums.* Jackson Hole Août 2005

> « L'Histoire n'a pas été très gentille avec les lendemains de périodes prolongées de faibles primes de risque. »

En 1994 Greenspan a provoqué un véritable krach obligataire mondial en embarquant la Reserve fédérale dans un cycle de remontée des taux inapproprié.

À la fin de l'année 1999, il a inondé, une fois de plus, le marché interbancaire de liquidités en prévision du « bug de l'an 2000 », scénario catastrophe non avéré ou canular monumental. Dans cette même année, il a de nouveau resserré les conditions du marché monétaire, alors que s'amorçait le krach de la bulle techno : Alors que le point haut de la bourse et en particulier du Nasdaq est daté de mars 2000, une dernière hausse d'un demi-point porta le taux des Fed funds à 6,5 % le 16 mai.

The Federal Open Market Committee voted today to raise its target for the federal funds rate by 50 basis points to 6-1/2 percent. In a related action, the Board of Governors approved a 50 basis point increase in the discount rate to 6 percent. Increases in demand have remained in excess of even the rapid pace of productivity-driven gains in potential supply, exerting continued pressure on resources. The Committee is concerned that this disparity in the growth of demand and potential supply will continue, which could foster inflationary imbalances that would undermine the economy's outstanding performance. FOMC statement. May 16th

« Le Comité fédéral d'open market a voté aujourd'hui pour relever son objectif de taux de fonds fédéraux de 50 points de base à 6-1/2 pour cent. Dans le cadre d'une action connexe, le Conseil des gouverneurs a approuvé une augmentation de 50 points de base du taux d'escompte à 6 %. La hausse de la demande est restée supérieure à la croissance rapide de la production liée à la productivité, exerçant une pression continue sur les ressources. Le Comité est préoccupé par le fait que cette disparité entre la croissance de la demande et celle de l'offre potentielle se poursuive, ce qui pourrait favoriser des déséquilibres inflationnistes qui saperaient la performance exceptionnelle de l'économie. »

L'indice phare de la nouvelle économie venait pourtant de perdre 40 % en deux mois ! Et il fallut attendre janvier 2001 pour que la première détente soit enfin opérée, la baisse de la bourse dépassant alors 50 % !

Mais sa plus grande erreur est certainement d'avoir abaissé les taux des fed funds à 1 % en juin 2003, alors que l'économie était déjà sortie d'une récession très modérée et que la bourse avait entamé son rebond, et d'avoir ensuite attendu juin 2004 pour commencer à les remonter. Cette politique inutilement accommodante a nourri la bulle immobilière financée par les subprimes (*cf.* première partie).

Alors que les prix de l'immobilier se retournaient, le resserrement tardif mais systématique (17 hausses de rang, de 0,25 %, de juin 2004 à juin 2006) a provoqué une catastrophe économique et sociale en rendant insolvables des millions d'emprunteurs à taux variable[3].

Entre 2004 et 2006 Greenspan a beaucoup disserté sur le mystère (« *conundrum* ») qui faisait baisser les taux à long terme alors que les taux courts étaient régulièrement relevés. Là où son successeur Bernanke (voir ci-dessous) voyait le résultat de la surabondance d'épargne, Greenspan penchait plutôt pour l'abaissement des primes de risque, en réponse à la maîtrise définitive de l'inflation par les Banques centrales. Le rôle déterminant de la montée des déséquilibres régionaux et des pressions déflationnistes dans la perte d'efficacité des canaux de transmission de la politique monétaire[4] ne l'avait semble-t-il pas effleuré.

B. BERNANKE, «*SAVING GLUT*» ET «*GREAT MODERATION*», L'HUBRIS À SON SOMMET

B. Bernanke, pur académique de l'école néo-keynésienne, a consacré l'essentiel de sa carrière universitaire à l'étude de la Grande Dépression et de la déflation. Entré à la Fed en 2002, il a participé à l'étude minutieuse du cas japonais (les « décennies perdues ») et tout particulièrement des effets désastreux de l'explosion de la bulle immobilière de l'Archipel. Il est donc totalement incompréhensible que les autorités monétaires américaines, après avoir laissé se développer la bulle Internet de 1997 à 2000, aient à nouveau encouragé, de 2001 à 2007, une invraisemblable spéculation immobilière doublée d'une non moins invraisemblable dérive de l'endettement des ménages.

B. Bernanke s'était autant préparé à combattre une crise financière de l'ampleur de celle qu'il a dû affronter qu'il était en réalité totalement inapte à la détecter[5].

> *Well, unquestionably, housing prices are up quite a bit ; I think it's important to note that fundamentals are also very strong. We've got a growing economy, jobs, incomes. We've got very low mortgage rates. We've got demographics supporting housing growth. We've got restricted supply in some places. So it's certainly understandable that prices*

---

3   Les *foreclosures*, expulsions des emprunteurs défaillants, qui s'établissaient à environ un demi-million par an jusqu'en 2006 ont dépassé 1 million en 2007, 2 millions en 2008 et 3 millions les trois années suivantes et ne sont revenues au niveau d'avant-crise qu'en 2014.

4   Le terme de canal de transmission désigne le fait que les impulsions données par la Banque centrale aux taux à court terme se propagent à toutes les échéances.

5   https://mises.org/library/ben-bernanke-was-incredibly-uncannily-wrong

would go up some. I don't know whether prices are exactly where they should be, but I think it's fair to say that much of what's happened is supported by the strength of the economy. We've never had a decline in house prices on a nationwide basis. So what I think is more likely is that house prices will slow, maybe stabilize : might slow consumption spending a bit. I don't think it's going to drive the economy too far from its full employment path, though.
Juillet 2005.

« Eh bien, incontestablement, les prix des logements sont un peu en hausse ; Je pense qu'il est important de noter que les fondamentaux sont également très bons. Nous avons une économie en croissance, des emplois, des revenus. Nous avons des taux hypothécaires très bas. Nous avons des données démographiques qui favorisent la croissance du logement. Nous avons une offre restreinte dans certains endroits. Il est donc certainement compréhensible que les prix augmentent quelque peu. Je ne sais pas si les prix sont exactement là où ils devraient être, mais je pense qu'il est juste de dire qu'une grande partie de ce qui est arrivé est soutenu par la force de l'économie. Nous n'avons jamais eu une baisse des prix des maisons à l'échelle nationale. Donc ce que je pense c'est qu'il plus probable que les prix de l'immobilier vont ralentir, peut-être se stabiliser : ce qui pourrait ralentir un peu les dépenses de consommation. Toutefois, je ne pense pas que cela va écarter l'économie trop loin du chemin du plein emploi. »

Consumer spending, supported by rising incomes and the recent decline in energy prices, will continue to grow near its trend rate and that the drag on the economy from the [inaudible] housing sector will gradually diminish., he effects of the housing correction on real economic activity are likely to persist into next year, as I've already noted. But the rate of decline in home construction should slow as the inventory of unsold new homes is gradually worked down.
Novembre 2006.

« Les dépenses de consommation, soutenues par la hausse des revenus et la récente baisse des prix de l'énergie, continueront à croître à un rythme proche de leur taux tendanciel et le poids du ralentissement du secteur du logement diminuera progressivement. Les effets de la correction immobilière sur l'activité économique réelle sont susceptibles de persister l'an prochain, comme je l'ai déjà noté. Mais le déclin de la construction résidentielle devrait ralentir à mesure que le stock de maisons neuves vendues se réduit progressivement. »

Our assessment is that there's not much indication at this point that subprime mortgage issues have spread into the broader mortgage market, which still seems to be healthy. And the lending side of that still seems to be healthy.
Février 2007.

« Notre hypothèse à ce stade est qu'il n'y a pas beaucoup d'indication que les problèmes des prêts hypothécaires subprime se soient propagés à l'ensemble du marché hypothécaire, qui semble encore en bonne santé. Et du côté des prêteurs, tout cela semble bien se porter ».

The global economy continues to be strong, supported by solid economic growth abroad. U.S. exports should expand further in coming quarters. Overall, the U.S. economy seems likely to expand at a moderate pace over the second half of 2007, with growth then strengthening a bit in 2008 to a rate close to the economy's underlying trend. Juillet 2007.

« L'économie mondiale continue d'être forte, soutenue par une croissance économique solide à l'étranger. Les exportations des États-Unis devraient encore augmenter au cours des prochains trimestres. Globalement, l'économie des États-Unis devrait se développer à un rythme modéré au cours du second semestre de 2007, la croissance se renforçant alors un peu en 2008 à un rythme proche de la tendance sous-jacente de l'économie ».

Bernanke a notamment affirmé avec insistance que l'anomalie de la courbe des taux (le fait que les taux longs baissaient quand la Fed relevait les taux courts) était lié à une surabondance d'épargne au plan mondial (*saving glut*) sans s'inquiéter des déséquilibres croissants qui en étaient la cause.

Cette obstination dans l'erreur de jugement qui aurait valu à n'importe quel coach sportif d'être remercié sans ménagement n'a pas empêché Bernanke d'être désigné personnalité de l'année 2009 par le magazine Time, pour avoir su « injecter » les centaines de milliards de dollars nécessaires pour éviter le collapsus. Les esprits caustiques ne manqueront pas de moquer l'usage *ad nauseam* du terme injecter et l'analogie troublante entre les relances à la japonaise, injecter du béton par millions de tonnes, pour le plus grand profit des mafias du BTP, et la gestion à l'américaine, injecter des dollars par trillions dans les réserves des banques.

Acteur-clé de la formation d'une gigantesque bulle immobilière alimentée par la complaisance monétaire, le successeur de Greenspan a ainsi dépassé son maître dans le rôle du pompier-pyromane en activant la spéculation par un mélange de déni du risque et de persuasion de sa capacité illimitée de prêteur de dernier ressort.

Celui qui fut surnommé « *Helicopter Ben* » pour avoir repris à son compte la formule de Milton Friedman sur le remède radical contre la déflation – jeter des dollars depuis des hélicoptères – a également bien retenu de son aîné la leçon de l'auto-congratulation.

History is full of examples in which the policy responses to financial crises have been slow and inadequate, often resulting ultimately in greater economic damage and increased fiscal costs. In this episode, by contrast, policymakers in the United States and around the globe responded with speed and force to arrest a rapidly deteriorating and dangerous situation "Reflections on a Year (sic) of Crisis". *This strong and unprecedented international policy response proved broadly effective. Critically, it averted the imminent collapse of the global financial system.*

Unlike in the 1930s, when policy was largely passive and political divisions made international economic and financial cooperation difficult, during the past year monetary, fiscal, and financial policies around the world have been aggressive and complementary.

Chairman Ben S. Bernanke At the Federal Reserve Bank of Kansas City's Annual Economic Symposium, Jackson Hole, Wyoming. August 21, 2009.

« L'histoire est pleine d'exemples où les réponses politiques aux crises financières ont été lentes et insuffisantes, entraînant souvent des dommages économiques plus importants et des coûts budgétaires accrus. Dans cet épisode, en revanche, les décideurs aux États-Unis et dans le monde entier ont réagi avec rapidité et force pour enrayer une situation qui se détériorait rapidement et dangereusement. Cette réponse politique internationale sans précédent s'est avérée largement efficace. Elle a évité au moment critique l'effondrement imminent du système financier mondial.

Contrairement aux années 1930, pendant lesquelles la politique fut largement passive et les divisions politiques rendaient la coopération économique et financière internationale difficile, les politiques monétaire, fiscale et financière ont été agressives et complémentaires au cours de l'année écoulée. »

D'un point de vue théorique, Bernanke a simplement oublié que le multiplicateur monétaire, le processus par lequel la monnaie de Banque centrale mise à la disposition des banques commerciales se transmet à l'économie « réelle » (entreprises non financières et particuliers) est instable. Le multiplicateur, en baisse tendancielle depuis les années 1980, s'est en effet effondré en 2008 et n'a guère rebondi par la suite.

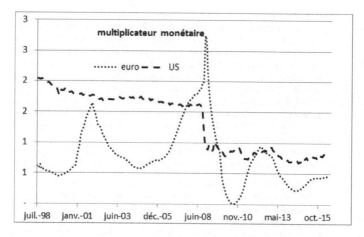

FIG. 21 – L'effondrement du multiplicateur monétaire (source : BCE Fed).

JEAN-CLAUDE TRICHET. « CRÉDIBILITÉ » ; « *SECOND ROUND EFFECT* » ;
« *INFLATION ANTICIPATION WELL ANCHORED* »

Président d'une Banque centrale installée à Francfort et dernier
représentant en date de la lignée des gouverneurs français acquis à la
désinflation compétitive, J-C Trichet a assumé le mandat unique de
la BCE sans état d'âme en reprenant à son compte la doctrine de la
Bundesbank.

Il s'est focalisé, dans les années 2006-2008, jusqu'à l'obsession, sur
la construction d'une Banque centrale crédible dans sa lutte contre
l'inflation et sur les risques « d'effets de second tour » (*second round
effect*). Ce terme désigne l'enclenchement d'une spirale inflationniste,
par hausse des salaires en réponse à la hausse des prix de biens importés
(matières premières/énergie). La BCE s'est ainsi entièrement vouée à une
politique préventive visant à maintenir « l'ancrage des anticipations
inflationnistes » dans la zone des 2 %. Et c'est ainsi qu'elle a procédé
à une ultime hausse de ses taux directeurs le 3 juillet 2008, alors que
plusieurs banques de taille mondiale avaient déjà « sauté » et que d'autres,
parmi les plus importantes, connaissaient d'énormes difficultés (voir la
chronologie détaillée de la crise pages 79 à 86).

Après la chute de Lehman Brothers, alors que la Fed et la BoE mettaient en place les premières opérations de *Quantitative easing*, J-C Trichet est resté l'arme au pied, refusant tout achat direct de dette d'État, conformément à la doctrine imposée par les allemands dans la rédaction du traité de Maastricht[6]. Il a même relevé les taux directeurs par deux fois en avril et juillet 2011, juste avant que l'affaire grecque déclenche la crise de la dette européenne[7].

Jean Claude Trichet s'est toujours déclaré convaincu que le mandat unique de la BCE n'était pas différent de celui de la Fed parce que la stabilité des prix et la conformité de l'inflation aux engagements de la Banque centrale créent à travers la confiance des ménages et des entreprises les conditions nécessaires (suffisantes ?) à la croissance. Il a poursuivi dans cette voie jusqu'à l'absurde en affirmant que l'austérité (budgétaire) ne pouvait qu'accroître la confiance des ménages, des entreprise et des investisseurs dans la viabilité des finances publiques, ce qui est bon pour la croissance et la création d'emplois. On peut quand même ignorer Keynes sans raconter n'importe quoi !

Face à une configuration dans laquelle le doute sur la solvabilité d'un seul agent venait détruire la liquidité sur tous les titres de sa catégorie et provoquer une crise systémique, il aurait fallu une réponse pragmatique. Avec 350 Md€ contre 11 billons pour l'ensemble de la zone euro, la dette grecque aurait dû être simplement « escamotée ». Pour l'exemple, les fourmis du Nord s'y sont refusées. Garante de

---

6   Alors que le Quantitative Easing a été mis en place à la fin de 2008 aux États-Unis, au début de 2009 au Royaume-Uni et au début de 2013 au Japon, il n'est introduit qu'en avril 2015 par la BCE ; on a même vu en 2013 et 2014 une forte contraction monétaire dans la zone euro. Le Quantitative Easing est une politique d'exception qui doit être mise en place en cas de crise de liquidité ; c'était le cas dans la zone euro en 2008-2009 pour les banques), en 2011-2012 pour les États mais en 2015 il n'y a plus de crise de liquidité et le Quantitative Easing génère au contraire un excès de liquidité qui fait apparaître une forte variabilité de prix des actifs financiers, des bulles obligataires. Pourquoi la BCE a-t-elle attendu avril 2015 pour déclencher le Quantitative Easing ? Parce que, coincée par son mandat, elle a dû attendre que le freinage des salaires et la baisse du prix du pétrole fassent apparaître une inflation très faible pour pouvoir passer à cette politique ; le caractère dogmatique du mandat basé sur l'objectif d'inflation à 2 % lui interdisait de réagir à une crise de liquidité, même très dangereuse, tant que l'inflation n'était pas beaucoup plus basse que 2 %. Patrick Artus. « Le Dogmatisme a coûté beaucoup de croissance à la zone euro depuis la crise de 2008-2009 ». Flash Natixis. Juillet 2016.

7   Le LTRO sera mis en place par Draghi, successeur de Trichet, dès sa nomination, en décembre 2011.

la stabilité financière en Europe, la BCE a raté là l'occasion d'une authentique émancipation. Maladresse, rigidité ou stratégie délibérée, l'histoire jugera....

MARIO DRAGHI, SUPER MARIO ! « *WHATEVER IT TAKES* »
OU LA TOUTE-PUISSANCE ASSUMÉE.

Élève de Stanley Fisher (comme Bernanke) et ancien de Goldman Sachs, Mario Draghi a pris la succession de JC Trichet au moment où la crise de la dette souveraine européenne atteignait son paroxysme (novembre 2011). Après avoir mis en place un refinancement massif des banques (LTRO : *Long terme Refinancing Operation*, prêts consentis pour une durée de trois ans) pour <u>mille milliards d'euros</u> dès sa prise de fonction, Mario Draghi a décidé à l'été 2012 de restaurer la crédibilité de la zone euro en rétablissant la négociabilité des titres de dettes publiques[8]. Il s'agissait en l'occurrence de devancer un hypothétique et de toute façon insuffisant ou trop tardif assainissement des finances publiques en garantissant la liquidité de ces titres, sans limite de volume et de durée (« *whatever it takes* »). Cette annonce se traduira dès septembre 2012 par le programme OMT (*Outright Monetary Transaction*) permettant – enfin – à la Banque centrale européenne d'acheter des titres de dettes directement sur le marché secondaire et préfigurant le Quantitative Easing qui ne prendra place qu'en avril 2015.

Ces décisions ont marqué, enfin, une rupture totale avec la doctrine officielle d'inspiration allemande de l'Union européenne qui interdit tout financement direct des États. Alors que l'économiste en chef Jürgen Stark avait démissionné en septembre 2011 pour cause de désaccord sur les achats d'obligations d'État, le représentant de la Bundesbank au Conseil des Gouverneurs vota contre le programme OMT. En juillet 2013 M. Draghi achèvera de se détacher de l'héritage de JC Trichet en s'engageant dans la durée : « les taux d'intérêt resteront à leurs niveaux actuels ou plus bas pendant une période prolongée. »

Validant l'analyse que nous avons proposée au paragraphe précédent, Mario Draghi enfoncera le clou dans le discours prononcé lors de l'édition 2014 du symposium de Jackson Hole :

---

8   "*Within our mandate, the ECB is ready to do whatever it takes to preserve the euro. And believe me, it will be enough.*" Discours de Mario Draghi, President de la BCE à la Global Investment Conference. London 26 Juillet 2012.

Since 2010 the euro area has suffered from fiscal policy being less available and effective, especially compared with other large advanced economies. This is not so much a consequence of high initial debt ratios—public debt is in aggregate not higher in the euro area than in the U.S. or Japan. It reflects the fact that the central bank in those countries could act and has acted as a backstop for government funding. This is an important reason why markets spared their fiscal authorities the loss of confidence that constrained many euro area governments' market access. This Unemployment in the Euro Area 307 has in turn allowed fiscal consolidation in the U.S. and Japan to be more back-loaded.

« Depuis 2010, la zone euro a pâti d'une baisse de l'utilisation et de l'efficacité des politiques budgétaires, en particulier par rapport aux autres grandes économies avancées. Cet état de choses n'est pas tant la conséquence du haut niveau initial des ratios d'endettement, la dette publique totale n'étant pas plus élevée dans la zone euro qu'aux États-Unis ou au Japon. Il s'explique par le fait que dans ces pays, la banque centrale pouvait agir et a agi comme une instance de soutien des financements publics. C'est ce qui explique en grande partie que les autorités budgétaires aient été épargnées par la perte de confiance des marchés qui a restreint l'accès des administrations publiques de la zone euro à ces derniers, ce qui a, à son tour, permis aux États-Unis et au Japon de différer davantage leurs efforts d'assainissement budgétaire. »

Pour les marchés financiers, ces opérations marquèrent la fin de la crise de la zone euro. Les rendements obligataires n'ont alors cessé de décroître, jusqu'à toucher le plancher zéro pour les emprunts à 10 ans allemand (bund) au printemps 2016. Le contraste entre le succès de ces mesures, en termes de marchés financiers et leur échec relatif, en termes de relance de la croissance et de sortie de la zone quasi déflationniste sera le sujet de notre quatrième partie.

LES BANQUIERS CENTRAUX
SONT-ILS VRAIMENT INDÉPENDANTS ?

Les précédents chapitres font surgir une évidence : les Banques centrales sur qui repose la stabilité du système monétaire et financier ne se sont consacrées, au cours des trente dernières années, qu'à la prévention du risque inflationniste. Elles y ont largement réussi et leurs dirigeants s'en sont copieusement glorifiés, bien qu'une large part du mérite revienne à la déflation salariale mondiale, avant que le succès ne finisse par dépasser leurs espérances et les plonge dans la perplexité puis l'angoisse. Ils ont en même temps choisi avec constance d'ignorer l'autre versant de leur responsabilité, celui de la prévention des excès des marchés financiers, et ceci en dépit des effets de plus en plus dévastateurs sur le bien-être général de la répétition des crises financières. L'objet du dernier chapitre de cette troisième partie sera d'explorer cette stupéfiante asymétrie et notamment de poser la question « politiquement et économiquement incorrecte » de ses origines : incompétence, biais délibéré, aveuglement ou impuissance ?

« Terrain miné », m'a gentiment mis en garde un collègue et ami. Aborder un tel sujet peut en effet mettre d'un seul coup en danger l'exigence d'objectivité et de rigueur que l'auteur de ces lignes s'est assignée. Car les seuls qui continuent de le traiter, depuis qu'en Europe les formations politiques dites de « gauche de gouvernement » se sont ralliées ou soumises à la doxa libérale, sont, à de rares exceptions près, les courants d'opinion extrémistes.

Du « tous pourris » au « grand complot internationaliste apatride », c'est surtout l'extrême-droite populiste, souverainiste, antimondialiste, anticapitaliste et le plus souvent antisémite qui pose les questions qui fâchent. Joseph Stiglitz ou Frédéric Lordon, pour ne citer qu'eux, sont ainsi agacés de voir que les critiques « raisonnables » qu'ils formulent inlassablement contre les faiblesses et les non-sens de la construction européenne (ne) sont reprises (que) par les partis nationalistes.

LE RÈGNE DES CRÉANCIERS

Pour Paul Krugman, l'éditorialiste « nobélisé » du New York Times, la peur viscérale de l'inflation et du « *debasement*[1] » de la devise qui résulterait immanquablement d'une politique monétaire trop accommodante relèverait, aux États-Unis, des grandes fortunes privées qui pratiquent ce « culte de l'inflation ».

> *And the important thing to understand is that the dominance of creditor interests on both sides of the Atlantic, supported by false but viscerally appealing economic doctrines, has had tragic consequences. Our economies have been dragged down by the woes of debtors, who have been forced to slash spending.*
> NYT Éditions des 4 et 11 septembre 2014

> « Et la chose importante à comprendre est que la domination des intérêts des créanciers, des deux côtés de l'Atlantique, appuyés par des doctrines économiques fausses mais viscéralement attrayantes, a eu des conséquences tragiques. Nos économies ont été tirées vers le bas par les malheurs des débiteurs, qui ont été contraints de réduire leurs dépenses. »

En Europe, ce serait plutôt la culture des pays créditeurs (l'Allemagne) qui s'opposerait au laxisme monétaire et budgétaire, pour un résultat final identique : l'économie de rentiers et la doctrine ordo-libérale détruisant la demande globale, voilà qui nous ramène à notre première partie. Mais il faut aller plus loin et pour cela passer une fois encore par Jackson Hole et l'incontournable symposium de la Fed de Kansas City, véritable grand-messe du « *Central banking* ».

---

1   Le *debasement* signifie la perte de valeur de la monnaie, par rapport à l'or ou aux autres devises.

PRÉVENTION DES BULLES
OU TRAITEMENT DES KRACHS PAR LA LIQUIDITÉ
Le penchant pro-market des Banques centrales

Maintenir la stabilité dans un système financier qui change, tel était en effet le thème de l'édition 2008 du symposium. Devant les ravages provoqués par l'essor et l'utilisation abusive des dérivés et des produits à levier, le sujet aurait plutôt dû être libellé : Quels changements faudrait-il opérer dans l'organisation du système pour restaurer une stabilité qu'il a lui-même progressivement détruite au cours des deux dernières décennies ?

La césure fut évidente et intense entre ceux (majoritaires) qui se contentaient d'encenser les banquiers centraux pour leur réactivité face à la crise et ceux qui souhaitaient mener une évaluation sans complaisance, tant de leur responsabilité avant la crise que de la pertinence de leurs choix pour l'enrayer. Pour preuve, la vivacité des échanges qui marquèrent la dernière session du symposium, consacrée aux travaux de Willem Buiter, Professeur à la London School of Economics et ancien membre fondateur du MPC de la Banque d'Angleterre. Dans un réquisitoire de 120 pages, celui-ci dénonçait l'incapacité des Banques centrales à s'adapter aux développements du système financier, leur impréparation face à la crise et, pour finir, leurs erreurs dans sa gestion (Fed et BoE surtout). L'idée sous-jacente était que diverses considérations avaient poussé la Fed, depuis l'ère Greenspan, à adopter un comportement fortement asymétrique face aux évolutions des marchés financiers et à privilégier le court terme en toutes circonstances, quelles qu'en soient les conséquences en termes de récidives de plus en plus aigües du mal qu'elle prétendait traiter.

> *The Fed listens to Wall Street and believes what it hears (…) This distortion into a partial and often highly distorted perception of reality is unhealthy and dangerous.* (Buiter William. 2008)

> « La Fed écoute Wall Street et croit ce qu'elle entend (…) Cette distorsion dans une perception partiale et souvent très déformée de la réalité est malsaine et dangereuse ».

Lors de la discussion, le président de séance, Stanley Fischer, ancien membre du FOMC et alors gouverneur de la Banque centrale d'Israël, avait dû brandir un extincteur pour ramener le calme !

À la question incontournable de savoir si les solutions mises en place pour éteindre l'incendie ne vont pas à contre-courant de ce qu'il faudrait faire pour qu'il ne se répète pas, Jean-Pierre Landau, ancien sous-gouverneur de la Banque de France et Professeur à Sciences-Po et Princeton, devait apporter cinq ans plus tard des réponses claires dans un papier intitulé « La Liquidité Mondiale, Publique et Privée[2] ». La surabondance de liquidité au centre du système financier mondial se propage dans toute sa périphérie, du fait des organisations bancaires transnationales et du poids des facteurs *push* qu'elle implique ; cette surliquidité fausse les prix des actifs en attisant l'appétit des investisseurs pour le risque, phénomène auquel s'ajoutent des taux réels trop bas du fait de l'accumulation de réserves de change placées en actifs sans risque des pays avancés.

Ces faibles taux ont à leur tour un double effet sur la valorisation des cash-flows futurs et sur la chasse au rendement, entrainant une valorisation conventionnelle des actifs trop élevée par rapport au risque[3]. Les fonds d'investissement spécialisés dans les actifs « émergents » sont devenus un vecteur essentiel dans la propagation des renversements des flux de liquidité et de l'appétit (aversion) pour le risque. Les effets d'annonce de QE ont un impact plus important que leur mise en place effective, mais les « guidances » (l'engagement de maintenir les taux au voisinage de zéro) sur plusieurs années sont encore plus déterminantes en rendant la prise de risque définitivement gratuite. La boucle est bouclée : traiter les ravages des excès spéculatifs par la surliquidité va amener encore plus d'excès spéculatifs et donc encore plus de crises.

---

2   Landau Jean Pierre. 2013.
3   Comme les politiques monétaires dans les économies avancées mènent directement à l'accumulation de réserves dans les pays émergents, elles créent un déplacement à l'échelle mondiale des préférences pour les actifs sans risque. L'accumulation des réserves apporte plus de capacité d'investissement dans les mains d'investisseurs naturellement averses au risque, ce qui peut être suffisant pour maintenir les rendements réels à des niveaux faibles. Cette boucle de rétroaction crée un décalage permanent entre le taux d'équilibre du marché et le taux naturel wicksellien.

L'OBSTINATION DANS L'ERREUR
Incompétence, parti pris irrévocable,
aveuglement ou impuissance ?

En dépit des défaillances individuelles que nous avons mises en évidence au chapitre précédent, il paraît impossible d'expliquer les erreurs des banquiers centraux par une incompétence générale. Les Banques centrales emploient des milliers d'économistes (cinq cents pour la seule BCE) qui étudient, analysent et publient des montagnes d'articles « scientifiques » qui ne relèvent pas tous du « *mainstream* », même si ce dernier domine outrageusement. Même la très classique Académie Royale de Suède décerne de temps à autre le « Prix de la Banque de Suède en sciences économiques en mémoire d'Alfred Nobel » à un économiste non orthodoxe :

- Amartya Sen (1998) pour ses travaux sur l'économie du bien-être ;
- Joseph Stiglitz (2001) pour avoir jeté les bases de l'économie de l'information, mais qui est également connu pour ses critiques virulentes contre le FMI et la Banque mondiale (dont il démissionna de son poste d'économiste en chef en 2000) ;
- Daniel Kahneman (2002) pour sa contribution, conjointement avec Amos Tversky, à la naissance de l'économie comportementale ;
- Paul Krugman (2008) pour ses travaux sur les économies d'échelle mais sans que puissent être ignorées ses nombreuses publications non conformistes sur la finance internationale ni ses tribunes virulentes dans le New York Times ;
- Elinor Ostrom (2009) pour son apport à la théorie des biens communs ;
- et bien sûr Robert Shiller (2014) spécialiste du prix des actifs et pourfendeur de l'hypothèse d'efficience des marchés et Angus Deaton (2015) pour ses travaux sur l'inégalité des revenus et la consommation.

L'incompétence ne pouvant pas être retenue, la persévérance collective des banquiers centraux dans l'erreur n'a plus que quatre causes possibles :

- un parti-pris délibéré, inspiré/dicté par des objectifs politiques non explicités et élaborés hors du champ des gouvernements et parlements nationaux. C'est l'hypothèse conspirationniste que nous allons évoquer brièvement pour clore le présent chapitre
- Un aveuglement résultant du caractère fortement endogamique de leur recrutement et de leur fonctionnement en réseaux fermés. Ce point de vue sera développé au chapitre suivant.
- Une confiance excessive dans les effets de la résilience des marchés financiers sur la marche globale de l'économie, les conduisant à négliger l'instabilité financière. la reconnaissance de ce biais constituera un point essentiel de l'étonnante confession qui clôturera cette troisième partie
- Une réelle impuissance devant des mécanismes qui les dépassent. Sous cette hypothèse, les dirigeants des Banques centrales seraient bien au fait des impasses et dangers de leurs stratégies. Mais la mise sous perfusion des marchés financiers serait la seule stratégie possible pour éviter le collapsus global et il serait de plus en plus difficile d'y mettre fin. Cette analyse constituera la trame de notre quatrième partie.

LA GOUVERNANCE MONDIALE
Faiblesses institutionnelles et forces des lobbies

Si l'économie est globalisée, le champ politique n'est régi par aucune gouvernance mondiale. Les instances « gouvernementales » (G5, G7…G20) ou les institutions supranationales (ONU, OCDE,…) œuvrent avant tout dans la recherche de compromis et la formulation de recommandations qui n'ont que peu ou pas du tout de caractère contraignant. Il n'est pas jusqu'à l'Union européenne pour qui une véritable gouvernance reste un Graal inaccessible. La problématique globale du climat et de l'énergie est une autre illustration flagrante de cette lacune. En dépit du succès diplomatique de la dernière chance lors de la COP 21, la gestion de ce sujet pourtant crucial pour l'avenir de l'humanité reste très éloignée d'une véritable gouvernance.

Face à ce vide, des lobbies, *think tanks*, clubs de réflexions et autres groupes transnationaux « d'échanges informels au plus haut niveau », s'emparent des sujets de géopolitique, d'économie, de sécurité etc. pour produire des études, notes et recommandations de toutes sortes. Parce qu'elles ont toutes les apparences de réseaux d'influence et qu'elles regroupent un petit nombre de personnes impliquées dans les hautes responsabilités de la vie politique ou économique mondiale, ces organisations sont suspectées d'être le véritable gouvernement mondial et inspirent des théories conspirationnistes parfois délirantes.

Par essence invérifiables, ces théories du complot prennent corps parce que premièrement ces organisations existent bel et bien, deuxièmement elles fonctionnent dans un entre-soi parfaitement organisé et, troisièmement, parce qu'elles entourent le plus souvent leurs travaux de la plus grande confidentialité, ce manque total de transparence autorisant toutes les hypothèses et élucubrations.

> La discrétion avec laquelle ces groupes se réunissent et le secret des discussions internes, la méconnaissance de leur fonctionnement et de leurs objectifs, le pouvoir détenu individuellement par les participants ont favorisé à leur propos le développement de théories du complot, faisant d'eux le rassemblement des « maîtres du monde » et de leur comité d'organisation le « gouvernement mondial » occulte, les liant à des sociétés mythiques, etc. Bizarrement, le sujet de l'existence même de ces groupes n'a quasiment été abordé jusqu'ici que dans le cadre de ces conceptions délirantes[4].

La grande faiblesse des mêmes théories est qu'elles prétendent tout expliquer par un complot unique, au prix de torsions effarantes infligées à la réalité. Or l'Histoire est façonnée par un entrelacs de jeux de pouvoir et de négociations ainsi que par l'irruption, de temps à autre, de personnages hors normes qui s'emparent des contingences du moment.

---

4   Gama Michael. 2007.

PETIT DÉTOUR DANS LE MONDE IMAGINAIRE
DE LA CONSPIRATION

ÉLÉMENT N° 1 : LES SOCIÉTÉS SECRÈTES

Rejeter le fantasme de la Grand Conspiration, qu'elle soit d'origine maçonnique ou fomentée par les Illuminati ou par toute autre secte, ne permet en aucun cas d'écarter le constat que des réseaux d'influence sont à l'œuvre en marge des pouvoirs officiels. Le nœud de l'affaire est bien que des personnes occupant − ou ayant récemment occupé − des postes de responsabilité dans la sphère publique participent à des organisations transnationales discrètes...secrètes...occultes, à côté de leaders du monde des affaires.

Comme le dit Pascal Lamy à propos des « Bilderbergers » : « il ne faut pas considérer qu'ils ont du pouvoir parce qu'ils sont là mais qu'ils sont là parce qu'ils ont du pouvoir[5]. »

Attardons-nous quelques instants sur quatre de ces organisations, a priori les plus influentes. Nous en donnons d'abord la présentation « officielle » puis un parmi les innombrables commentaires que l'on peut trouver chez les conspirationnistes.

Le Council on Foreign Relations (CFR)

The Council on Foreign Relations (CFR) is an independent, nonpartisan membership organization, think tank, and publisher dedicated to being a resource for its members, government officials, business executives, journalists, educators and students, civic and religious leaders, and other interested citizens in order to help them better understand the world and the foreign policy choices facing the United States and other countries[6].

« Le Conseil des relations étrangères (CFR) est une organisation non partisane de membres indépendants, instance de réflexion et éditeur, ayant pour vocation d'être une ressource pour ses membres, les responsables gouvernementaux, les chefs d'entreprise, les journalistes, enseignants et étudiants, les leaders civils et religieux et les autres citoyens intéressés afin de les aider à mieux comprendre le monde et les choix de politique étrangère auxquels sont confrontés les États-Unis et d'autres pays. »

---

5   Gama M. 2007. *op. cit.*
6   http://www.cfr.org/about/

Le Conseil des relations étrangères qui compte aujourd'hui 4 900 membres a été créé en tant que branche américaine d'une organisation anglo-américaine, le 29 Juillet 1921. Les membres fondateurs comprenaient le Colonel House, éminence grise du Président Woodrow Wilson, le journaliste Walter Lippman et quelques hommes d'affaires comme JP Morgan, John D. Rockefeller, Paul Warburg.

> *The CFR is the promotional arm of the Ruling Elite in the United States of America. Most influential politicians, academics and media personalities are members, and it uses its influence to infiltrate the New World Order into American life. Its' "experts" write scholarly pieces to be used in decision making, the academics expound on the wisdom of a united world, and the media members disseminate the message.*

> « Le CFR est le bras promotionnel de l'élite dirigeante aux États-Unis d'Amérique. La plupart des politiciens influents, des universitaires et des personnalités des médias sont membres, et il utilise son influence pour infiltrer le Nouvel Ordre Mondial dans la vie américaine. Ses "experts" écrivent des pièces scientifiques qui seront utilisés dans la prise de décision, les universitaires dissertent sur la sagesse d'un monde uni et les membres qui opèrent dans les médias diffusent le message[7]. »

Quasiment tous les candidats à l'élection présidentielle américaine des cinquante dernières années et la plupart des gouverneurs de la Réserve fédérale étaient ou sont membres du CFR. Des personnalités non américaines telles que Hans Tietmeyer (président de la Buba), Mario Monti (ancien Président de la Commission européenne), Luigi Einaudi (économiste libéral et Président de la République italienne) en ont également été membres. Le secteur bancaire (Goldman Sachs, JP Morgan, Bank of America Merrill Lynch, Citi, Barclays, American Express, Lazard, Deutsche Bank) représente 30 % des entreprises membres.

Le Groupe Bilderberg

> *Since its inaugural meeting in 1954, Bilderberg has been an annual forum for informal discussions, designed to foster dialogue between Europe and North America. Every year, between 120-150 political leaders and experts from industry, finance, academia and the media are invited to take part in the meeting. About two thirds of the participants come from Europe and the rest from North America; one third from politics and government and the rest from other fields. The meeting is a forum*

---

7   http://www.conspiracyarchive.com/2013/12/21/the-council-on-foreign-relations-cfr-and-the-new-world-order/

for informal discussions about megatrends and major issues facing the world. The meetings are held under the Chatham House Rule, which states that participants are free to use the information received, but neither the identity nor the affiliation of the speaker(s) nor of any other participant may be revealed. Thanks to the private nature of the meeting, the participants are not bound by the conventions of their office or by pre-agreed positions. As such, they can take time to listen, reflect and gather insights. There is no detailed agenda, no resolutions are proposed, no votes are taken, and no policy statements are issued.

« Depuis sa première réunion en 1954, Bilderberg a été un forum annuel pour les discussions informelles, destinées à favoriser le dialogue entre l'Europe et l'Amérique du Nord. Chaque année, entre 120 et 150 dirigeants politiques, experts de l'industrie et de la finance, du milieu universitaire et des médias sont invités à prendre part à la réunion. Environ les deux tiers des participants viennent d'Europe et le reste d'Amérique du Nord ; un tiers est issu des milieux politiques et des gouvernements et le reste d'autres domaines. La réunion est un forum pour des discussions informelles sur les "mégatrends" et les grands enjeux du monde. Les réunions se déroulent conformément à la règle de Chatham House, qui stipule que les participants sont libres d'utiliser les informations reçues, mais ni l'identité ni l'appartenance du locuteur ni de tout autre participant ne peut être révélée. Du fait de la nature privée de la réunion, les participants ne sont pas liés par les conventions de leur emploi ou par des positions préétablies. En tant que tels, ils peuvent prendre le temps d'écouter, de réfléchir et de recueillir des idées. Il n'y a pas d'ordre du jour détaillé, aucune résolution n'est proposée, il n'y a aucun vote, et aucune déclaration politique n'est prononcée. »

Les ONG anti-lobbies ne sont pas exactement du même avis[8].

Une à deux semaines au plus tard après lesdites réunions, qui se déroulent dans le plus grand secret et protégées des journalistes, c'est le G8 qui s'ouvre un peu plus loin, attirant cette fois la plupart des médias de la planète. Aux réunions du Bilderberg, il n'y a pas de conférence de presse, pas de journalistes, et les invités ne peuvent pas prendre de notes… En 2003, la réunion du groupe Bilderberg s'est tenue à Versailles en même temps que le G8 qui se déroulait à Paris. C'est au G8 que sont concrétisées une partie des décisions prises par les Bilderbergers, dont certains sont présents également au G8.

La Trilatérale ou Commission trilatérale

The Commission was originally created in 1973 to bring together experienced leaders within the private sector to discuss issues of global concern at a time when

---

8　　http://www.agoravox.fr/actualites/economie/article/le-bilderberg-lobby-le-plus-28814

communication and cooperation between Europe, North America, and Asia were lacking. The Commission has grown since its early days to include members from more countries in these regions, and it continues to find that study and dialogue about the pressing problems facing our planet remain as important today as in 1973. Problems and threats have changed, but their importance has only increased due to the more interconnected and interdependent world in which we now live[9].

« La Commission a été créée en 1973 à l'initiative du groupe Bilderberg pour réunir des dirigeants expérimentés dans le secteur privé pour discuter des questions d'intérêt mondial à un moment où la communication et la coopération entre l'Europe, l'Amérique du Nord, et en Asie faisaient défaut.

La Commission a grandi depuis ses premiers jours en incluant des membres de plusieurs pays de ces régions, et elle considère que l'étude et le dialogue sur les problèmes urgents auxquels est confrontée notre planète sont aussi importants aujourd'hui qu'en 1973. Les problèmes et les menaces ont changé, mais leur importance n'a fait qu'augmenter en raison du monde plus interconnecté et interdépendant dans lequel nous vivons maintenant. »

Dans son livre paru en 1971 intitulé « Entre deux âges : le rôle de l'Amérique à l'ère technotronique », Zbigniew Brzezinski, cofondateur de la Commission avec David Rockefeller écrivait :

L'État-Nation, en tant qu'unité fondamentale de la vie organisée des hommes, a cessé d'être la principale force créatrice : les banques internationales et les corporations transnationales sont [à présent] les acteurs et les architectes au sens que prenaient autrefois ces termes appliqués à L'État-Nation.

La création ou l'évolution des trois organisations que nous venons d'évoquer, et en particulier la dernière, ont été largement inspirées par le monde bipolaire de l'après-guerre. Elles sont de ce fait centrées sur le monde occidental (pays membres de l'OCDE) et leurs membres sont en général résolument atlantistes. Les Ex-PVD devenus émergents puis émergés ne sont admis marginalement à la Trilatérale que depuis 2000 (Chine, pays de l'ASEAN).

Le *"Group of thirty"* « Consultative Group on International Economic and Monetary Affairs, Inc. »

The Group of Thirty, established in 1978, is a private, nonprofit, international body composed of very senior representatives of the private and public sectors and academia.

---

9 http://trilateral.org

It aims to deepen understanding of international economic and financial issues, to explore the international repercussions of decisions taken in the public and private sectors, and to examine the choices available to market practitioners and policymakers. The Group of Thirty is forward thinking, knowledgeable, and influential[10].

« Le Groupe des Trente, créé en 1978, est un organisme international privé à but non lucratif, composé de représentants de très haut niveau (sic) des secteurs et des universités privés et publics. Il vise à approfondir la compréhension des questions économiques et financières internationales, explorer les répercussions internationales des décisions prises dans les secteurs public et privé, et examiner les choix offerts aux praticiens du marché et aux décideurs. Le Groupe des Trente est avant-gardiste, bien informé et influent »

La composition du « Groupe des trente », est un étrange mélange d'académiques, de banquiers centraux en activité ou retraités et de grands banquiers privés, parfois eux-mêmes anciens dirigeants politiques ou anciens banquiers centraux. Nous lui consacrons le prochain chapitre.

ÉLÉMENT N° 2 LE LEADERSHIP

Pour qu'il y ait complot, il faut bien sûr qu'existent des organisations semi-occultes, comme celles que nous venons d'entrapercevoir. Il est ensuite nécessaire que ces organisations aient à leur tête des leaders, des hommes capables de les mettre en mouvement. Or le premier constat, lorsqu'on mène une recherche sur ces lobbies, est leur totale imbrication, à la fois historique et managériale, sous la houlette des Rockfeller.

Le CFR a été constitué au début des années 1920 à l'instigation des fondateurs de la Réserve fédérale, emmenés par John Davidson Rockfeller[11], fondateur de la dynastie. Le Groupe Bilderberg a été créé à l'initiative du Prince Bernhard des Pays-Bas et de David Rockfeller, petit-fils du précédent. C'est ce même Groupe qui est à l'origine de la Trilatérale, sur une idée émise par David Rockfeller. Et c'est la fondation Rockfeller qui a lancé le « Group of 30 ». Le nom des Rockfeller apparait donc bien comme le trait d'union constant dans cette filiation qui va du réseau le plus large (le CFR) au groupe le plus restreint (le Groupe

---

10 http://group30.org/about

11 JD Rockfeller est considéré comme l'homme le plus riche de tous les temps avec une fortune évaluée à la fin du XIXᵉ siècle à 1 % du PIB des États-Unis (à titre de comparaison, Bill Gates ou Warren Buffet « ne » pèsent que 0,5 % du PIB). Le sénateur Aldrich, qui fut l'instigateur du « séminaire » secret de l'ile de Jekill en 1910 qui déboucha sur la création de la fédérale Réserve (voir note p. 133) était le beau-père de JDR.

des 30). Fondée sur la création de la Standard Oil Trust qui deviendra Esso puis Exxon, la dynastie Rockfeller incarne la réussite archétypale du modèle de capitalisme protestant à la fois philanthrope, monopolistique et interventionniste. Les Rockfeller seraient avec les Rothschild les maîtres supposés de la mondialisation financière. Certaines sources rapportent des propos que David Rockfeller aurait tenus à la réunion 1991 du Bilderberg.

We are grateful to the Washington Post, the New York Times, Time magazine and other great publications whose directors have attended our meetings and respected the promises of discretion for almost forty years. It would have been impossible for us to develop our plan for the world if we had been subject to the bright lights of publicity during those years. But, the world is now more sophisticated and prepared to march towards a world-government. The supranational sovereignty of an intellectual elite and world bankers is surely preferable to the National autodetermination practiced in past centuries

« Nous sommes reconnaissants au Washington Post, au New York Times, au magazine Time et à d'autres grandes publications dont les directeurs ont assisté à nos réunions et respecté les promesses de discrétion pendant près de quarante ans. Il aurait été impossible pour nous de développer notre plan pour le monde si nous avions été soumis aux lumières de la publicité durant ces années. Mais, le monde est maintenant plus sophistiqué et préparé à marcher vers un gouvernement mondial. La souveraineté supranationale d'une élite intellectuelle et de banquiers est sûrement préférable à l'autodétermination nationale pratiquée dans les siècles passés. »

Blague, bravade hors micro, repris d'autres orateurs ou totale invention, ces propos n'ont jamais été authentifiés. Mais d'autres extraits de ses mémoires y répondent étrangement.

Some even believe we are part of a secret cabal working against the best interests of the United States, characterizing my family and me as "internationalists" and of conspiring with others around the world to build a more integrated global political and economic structure – one world, if you will. If that's the charge, I stand guilty, and I am proud of it.[12]

« Certains croient même que nous faisons partie d'une cabale secrète travaillant contre les meilleurs intérêts des États-Unis, caractérisant ma famille et moi comme "internationalistes" et avons conspiré avec d'autres à travers le monde pour construire une structure politique et économique mondiale plus intégrée – un monde unique, si vous voulez. Si telle est l'accusation, je suis coupable, et j'en suis fier. »

---

12 Rockefeller David, 2002, p. 405.

ÉLÉMENT N°3 LE PROJET OU LE PLAN IMAGINAIRE
DU GOUVERNEMENT MONDIAL

Abolir l'État-Providence (le Welfare State) en détruisant l'héritage du New Deal et du CNR et en rejetant dans les poubelles de l'histoire toute pensée keynésiano-marxiste. Prendre ainsi une revanche éclatante et définitive sur l'utopie sociale/socialiste et son incarnation dans les années de reconstruction post-deuxième guerre mondiale.

Passer par-dessus les gouvernements et les parlements nationaux, incompétents par principe, en créant un environnement institutionnel et juridique supranational (l'Europe ; les traités de libre-échange régionaux). Promouvoir un développement capitalistique et entrepreneurial (la mondialisation) qui introduit la concurrence des travailleurs à (très) bas salaire afin d'enrichir les actionnaires au détriment des classes moyennes du monde développé.

Favoriser l'avancée de l'Union européenne vers des États-Unis d'Europe politiquement ingouvernables, en forçant l'élargissement au pays d'Europe de l'Est.

Laisser les produits financiers (dérivés) et les bulles financières se développer pour faciliter des transferts de richesse colossaux puis les arrêter afin de pouvoir exploiter les crises financières subséquentes comme autant de paliers dans l'inexorable affaiblissement des classes moyennes du monde occidental. Légitimer ce déclin comme sacrifice exigé au nom de la compétitivité et du redressement des finances publiques.

Toute ressemblance avec des faits réels serait bien entendu fortuite[13].

---

13 Par exemple les programmes de la révolution néo-conservatrice américaine et la déclaration de M. Kessler (page 98) ; Le matériau académique et statistique qui montre comment les classes moyennes ont été les grandes perdantes de la mondialisation ; l'impossibilité de faire avancer l'Europe sociale du fait de l'opposition systématique des nouveaux entrants ; l'anachronisme troublant de certaines décisions des banquiers centraux, que nous avons évoquées au chapitre précédent.

RETOUR À LA RÉALITÉ

Le fantasme du complot une fois rejeté, demeure la réalité d'une structure de réseaux d'influence parfaitement organisés, dont le but n'est assurément pas seulement de produire un travail intellectuel destiné aux décideurs pour éclairer leur action en vue d'améliorer le sort de l'humanité. Bien que les organisations que nous venons d'évoquer se proclament d'essence privée et affirment que leurs adhérents y figurent à titre privé, il y a en fait, au-delà des personnes, une continuité de la représentation des organisations dominantes, publiques ou privées. C'est essentiellement cette ambiguïté qui donne prise aux accusations de gouvernement mondial occulte.

Le résultat est en tout cas la mise en place d'un système de rétroaction permanente entre le consensus et l'influence, qui se fortifient mutuellement pour éliminer toute possibilité de contradiction. Ces structures ne sont pas non-partisanes : leurs adhérents représentent les puissances économiques et financières qui dominent le monde dans une logique de prédation au profit d'une minorité de plus en plus restreinte. À travers les responsabilités que leurs membres occupent dans l'espace public, elles s'assurent de la diffusion de leur idéologie.

MAIS QUE FONT DONC DES BANQUIERS CENTRAUX INDÉPENDANTS DANS CES *THINK TANKS* ?

Comme on le constate dans le tableau des adhésions annexé à la fin de ce livre, les banquiers centraux, en activité ou fraîchement retraités, sont omniprésents dans les quatre lobbies/think tanks présentés. Férocement attachés à leur indépendance à l'égard des pouvoirs politiques démocratiques, peuvent-ils revendiquer la même indépendance vis à vis des géants de la finance mondiale et des grands groupes transnationaux ? Sans qu'il soit nécessaire de fantasmer à nouveau sur d'éventuels secrets (émission de délits d'initiés ou soumission à des injonctions), leur immersion dans le système de réseau consensuel décrit au paragraphe précédent ne débouche-t-elle pas immanquablement sur une forme d'aveuglement devant les prémices de la crise et sur l'impossibilité de changer radicalement de vision et de méthode, après que celle-ci ait éclaté ? Cette immersion ne leur a-t-elle pas permis d'enfermer toutes leurs dépositions (les « *testimonies* » devant le congrès US ou le parlement européen) dans une stricte logique de rapport PIB/inflation sans être jamais réellement contredits ? Un document de travail produit par le Groupe of 30 que nous allons maintenant examiner offre un éclairage saisissant sur ces questions.

UNE STUPÉFIANTE CONFESSION

En octobre 2015, un sous-groupe ad-hoc du G30 dans lequel figuraient pas moins dix ex-banquiers centraux[1] a publié un document intitulé « *FUNDAMENTALS OF CENTRAL BANKING Lessons from the Crisis*[2] ». Ce texte fournit une étonnante vision, à la fois lucide et courageuse des erreurs des Banques centrales dans l'anticipation de la crise et en tire des enseignements pour l'avenir de la fonction.

La lecture de ce rapport de soixante pages, parfaitement documenté, suscite pourtant tour à tour enthousiasme, colère, stupeur et pour finir pas mal d'inquiétude.

UN RAPPORT ENTHOUSIASMANT

On ne peut en effet que se réjouir de ce que d'anciens banquiers centraux, dont certains sont aujourd'hui de grands banquiers privés, aient reçu une sorte de révélation, une véritable illumination, après quarante ans d'obscurantisme néo-classique. Les accidents de 2007-2008 ont fait tout à coup la lumière sur l'asymétrie qui a prévalu, dans les décennies précédant la crise de 2007-2008, entre les deux impératifs de stabilité assignés aux banques centrales, celui qui concerne les prix et celui qui vise la sphère financière. Les parias de la science économique, Keynes, Minsky, Kindelberger et jusqu'à David Graeber et ses 5000 ans d'histoire

---

[1] Parmi les seize membres figuraient les anciens gouverneurs des banques centrales d'Europe, du Japon, Allemagne, Brésil, Pologne, New-York, Suisse, Mexique, Singapour. Comble de l'entre-soi, les autres membres du groupe de travail étaient des grands banquiers privés : JP Morgan, Citi, Santander. Quant aux deux universitaires du groupe, ils avaient été ou étaient associés l'un au FMI et l'autre au gouvernement américain.

[2] Les fondamentaux du métier de Banquier central, leçons de la crise.

de la dette, présents dans la bibliographie du rapport, reviennent au premier plan pour offrir, enfin, des grilles de lecture pertinentes de la crise que ces banquiers n'ont pas prévue.

Arrivé à ce point de notre rédaction, ce document apporte aussi un soutien inestimable aux analyses non conformistes et aux critiques parfois virulentes que nous avons formulées.

UN RAPPORT SCANDALISANT

Imaginons un instant qu'un groupe d'officiers supérieurs précédemment en charge du commandement d'une coalition publie après une sévère déroute un document dans lequel :

— il énonce les croyances (*beliefs*) relatives aux relations internationales et à la conduite de la guerre sur lesquelles reposait sa stratégie

— il reconnait que si certaines de ces croyances sont valides, d'autres ne l'étaient pas du tout (par exemple, les guerres se feront toujours dans les tranchées, il suffit de contrôler la mer pour contrôler toute la guerre etc.)

— il explique alors quelles erreurs il a commises sur la base de ces croyances (oublier de s'inquiéter de la construction de bombardiers à long rayon d'action, ignorer le gonflement des dépenses militaires et croire à la paix durable etc.)

— il se dédouane, d'abord en invoquant la puissance de l'état d'esprit général (« *power and tenacity of the mindset* ») et ensuite parce qu'il a réussi à éviter la dislocation complète de son propre camp.

Notre groupe imaginaire d'officiers aurait sans doute été félicité pour la pertinence de l'analyse de ses erreurs et manquements. On se demanderait sûrement pourquoi il n'a exprimé aucun regret ni sollicité aucune forme d'indulgence pour les ravages causés par ses défaillances. Et il aurait ensuite été fort probablement renvoyé à ses chères études tandis que l'on procéderait à un renouvellement des personnes, des

cadres et des méthodes. C'est hélas ici que la réalité du *Central banking*
diverge avec notre petite histoire.

À aucun moment le rapport du G16 n'exprime une quelconque
forme de culpabilité. Il est une fois pour toute responsable mais non
coupable conformément à la doctrine dominante des hautes sphères de
la chose publique.

Dans les remerciements dithyrambiques qui ouvrent le document,
les membres du « *steering committee* » félicitent et remercient le Groupe
de travail :

> *On behalf of the entire Group of Thirty (G30), we would like to express our appre-*
> *ciation to those whose time, talent, and energy have driven this project to a rapid and*
> *successful completion. We would like to thank the members of the Working Group*
> *on Central Banking, all of whom are members of the G30, who collaborated in our*
> *work at every stage and added their unique insight. The intellect and experience*
> *brought to the deliberations by the sixteen members, which consisted of former central*
> *bank governors, regulators, and academics, was remarkable and essential to the*
> *success of the project.*

> « À ceux dont le temps, le talent et l'énergie ont permis la réussite rapide de
> ce projet ; aux membres du groupe de travail qui sont membres du G30 et
> ont apporté leur exceptionnelle sagacité ; l'intellect et l'expérience apportés
> aux délibérations par les seize membres, anciens gouverneurs, régulateurs et
> académiques furent remarquables. »

En fait tout se passe comme si ces travaux concernaient d'autres
personnes. De toute façon aucune sanction n'a jamais été prononcée à
l'encontre d'un Banquier central défaillant.

> *Looking backward, it is important to note that few (if any) central bankers have in*
> *fact been punished for missing even the current narrower mandate of near-term price*
> *stability. Apparently, ex-post accountability has not been a high political priority.*

> « En regardant derrière nous, il est important de noter que peu de banquiers
> centraux, voire aucun, ont été punis pour avoir manqué à leur mandat le plus
> étroit, la stabilité des prix à court terme ; apparemment, la responsabilité
> ex-post n'a jamais été une haute priorité politique. »

Le comble de l'impudence est atteint lorsque le rapport affirme sans
rire que le fait même de devoir rendre compte de leurs propres erreurs
passées expliquerait pourquoi les successeurs refusent le changement
de paradigme qui est devenu une évidente nécessité.

There are also many signs of resistance to anything like a paradigm shift. Not least, all of the policies followed by central banks since the crisis seem motivated by the old paradigm and extant models. Moreover, todays central bankers face a particular problem since, in admitting the need for new thinking, they would implicitly be criticizing their own past polices. Understandably, they wish to avoid this.

« Il y aussi beaucoup de signes de résistance à quoi que ce soit qui puisse ressembler à un changement de paradigme. De fait, toutes les politiques suivies par les banques centrales depuis la crise semble motivées par le vieux paradigme et les modèles existants. De plus, les banquiers centraux d'aujourd'hui sont confrontés à un problème particulier car, en admettant le besoin de penser différemment, ils critiqueraient implicitement leurs propres politiques passées. Il est compréhensible qu'ils cherchent à éviter cela. »

Parmi les dix gouverneurs de Banques centrales membres du groupe de travail, un est toujours en poste, un l'a été jusqu'en 2013, quatre jusqu'en 2012 et deux jusqu'en 2009. Mais à qui donc s'adressent ces remarques ?

UN RAPPORT STUPÉFIANT

On passe ensuite de la colère à la stupeur lorsque, toute honte bue, les auteurs du rapport confessent naïvement leur ignorance crasse de l'histoire en formulant solennellement des constats qui figurent depuis des décennies dans toutes les bibliothèques non confinées à la Pensée Unique.

The simple observation of sustained price stability is no guarantee that economic and financial instability will be avoided. History indicates that other dangerous imbalances often build upunder the calm surface of price stability, only to erupt with devastating consequences. (p2)

« La simple observation de la stabilité des prix ne garantit pas que l'instabilité économique et financière pourra être évitée : l'histoire indique que des déséquilibres dangereux se développent sous la surface tranquille de la stabilité des prix. »

Mieux encore :

Recent history attests to a simple fact : serious macroeconomic crises can occur even against a backdrop of Consumer Price Index price stability. Indeed, the historical record reveals many relevant economic downturns that were not preceded by high inflation—including the Great Depression (p47).

« L'histoire récente témoigne d'un fait simple : des crises macroéconomiques graves peuvent se produire même dans un contexte de stabilité de l'Indice des prix à la consommation. En effet, l'étude chronologique révèle de nombreux ralentissements économiques significatifs qui n'ont pas été précédés d'une inflation élevée, y compris la Grande Dépression. »

On croit rêver...

En plus des grands économistes dont nous avons mentionné le retour en grâce, nos spécialistes n'ont visiblement jamais prêté la moindre attention aux papiers de professionnels parmi les plus compétents qui auraient pu les alerter. Steve Roach, *chief economist* de Morgan Stanley, qui passa les années 1990 et 2000 à dénoncer, semaines après semaines, les « *growing imbalances* », avant d'être mis au placard comme « *permabear*[3] » ; Steve Gross, Marc Faber et nombre d'autres professionnels des marchés ou des chroniqueurs du Barron's n'ont cessé de critiquer de manière parfaitement argumentée l'optimisme béat des marchés et la complaisance des autorités. L'indépendance serait-elle devenue synonyme de tour d'ivoire ?

Dans le paragraphe intitulé « les croyances des banquiers centraux à l'aube de la crise », le texte énumère sans complaisance la base conceptuelle sur lesquelles les banques centrales ont bâti leurs politiques dans les décennies précédant la crise[4].

- La théorie néo-classique qui prétend que l'économie est à la fois intrinsèquement auto-régulée et efficiente dans l'allocation des ressources rares. En conséquence, la régulation devrait être « *light touch* ».
- La même théorie qui dit que dans le long terme la politique monétaire ne peut affecter que les prix et pas les variables réelles et que pour cette raison il n'est pas possible d'avoir des objectifs sur les variables réelles. Et qui affirme en corollaire que les développements affectant le crédit, la monnaie et les marchés financiers sont accessoires aux développements affectant l'économie réelle.

---

3 Qualificatif fréquemment décerné à l'auteur de ce livre pour la constance de ses positions critiques sur le caractère factice et hyper fragile de l'euphorie financière.

4 Le premier chapitre du rapport 2015 de la BRI intitulé « l'impensable deviendrait-il la norme ? » valide l'idée que les taux bas sont l'expression d'un profond malaise. Il expose les lacunes théoriques qui ont empêché de prévoir la crise.

— La théorie en vertu de laquelle des engagements crédibles de la Banque centrale peuvent avoir des effets directs sur les anticipations d'inflation et réduire par là-même le coût d'un taux d'emploi élevé en maintenant l'inflation sous contrôle.

— La croyance dans l'amélioration de la crédibilité grâce à la transparence et à une communication claire. Le fait que la communication et la transparence ne sont possibles que si le mandat est clair. Ce qui justifierait que l'attention de la Banque Centrale à la stabilité financière soit essentiellement limitée à la gestion des crises, y compris la fonction de prêteur de dernier ressort.

— La croyance que si chaque pays maintient sa maison en ordre, un système de change flottant sera compatible avec l'accroissement du commerce et une allocation efficiente du capital au niveau international.

Certaines de ces croyances sont peut-être encore légitimes. D'autres ne l'étaient pas du tout et cette foi aveugle, confortée par l'adhésion générale dont elle bénéficiait, a conduit à des erreurs lourdes de conséquences. Parmi ces erreurs et leurs effets le rapport cite :

— la dérégulation et le démantèlement des infrastructures de régulation mises en place à la suite des crises des années 1930 ;

— la confiance excessive dans l'efficacité de la politique monétaire pour résoudre les crises, confiance confortée par « les expérience de 1987, 1997 et 2001 qui confirmaient l'affirmation par Greenspan qu'il valait mieux nettoyer après une période de forte expansion du crédit que de s'y opposer en premier lieu (p27). Nombre de théoriciens ont depuis longtemps suggéré que l'assouplissement monétaire pourrait ne pas résoudre les crises (p31). Les avertissements de Keynes, de Schumpeter notamment, auraient dû justifier que l'on consacre plus de temps pour réfléchir aux mérites d'un recours exclusif à la politique monétaire face à cette crise. (p 33)

— les effets non désirables induits par l'assouplissement monétaire :

De plus l'argent facile apparaît surtout comme un support du prix des actions et des actifs immobiliers.

— La confusion entre le problème général de l'expansion du crédit (avec un taux d'intérêt tombant sous le taux réel naturel) et celui du dégonflement des bulles boursières
— l'impact macroéconomique des inégalités :

La consommation pourrait avoir souffert des problèmes de distribution des richesses dans la plupart des pays, les riches semblent avoir gagné aux dépens des classes moyennes et on peut argumenter sur le fait que la politique accommodante y a contribué (p35). Nombre de politiques suivies par les Banques centrales ont de réels impacts sur la distribution des richesses (p43). Les cadres analytiques utilisés par la plupart des Banques centrales et par les institutions financières internationales (FMI et OCDE) ont été incapables d'émettre des avertissements adéquats sur la crise. De plus, ils ont prêté peu d'attention aux questions relatives aux sources de la croissance et sur le rôle de la distribution des revenus dans la bonne marche de l'économie (p52).

Cet aveu est suivi d'un développement qui reprend presque mot pour mot celui que nous avons détaillé dans notre première partie (chute de l'URSS, entrée de la Chine et de l'Inde dans le commerce international, développement du *shadow banking*, accumulation de réserves par les pays exportateurs etc.).

UN RAPPORT INQUIÉTANT

Autant le rapport est d'une extrême clarté pour tout ce qui relève du diagnostic et de la narration des opérations mises en place pour éviter la catastrophe, autant il paraît s'enliser dans un débat sans fin sur les avantages et inconvénients des différents moyens envisagés pour sortir d'une crise « gérée mais non résolue ».

Bien sûr, il est soigneusement répété que les Banques centrales ne peuvent à elles seules tout résoudre – ce dont nous sommes convaincus depuis longtemps – et qu'il ne faut pas les surcharger d'objectifs multiples et potentiellement contradictoires. Comme il se doit, le document réaffirme le premier principe du *Central banking* moderne : assurer la stabilité des prix à long terme et pour cela disposer d'une indépendance totale :

kept free from undue political and popular pressures (sic) *that are ultimately incon-*
sistent with this core mandate

« rester libre vis-à-vis des pressions politiques et populaires indues qui sont
au final incompatible avec le mandat central »

À cette réaffirmation sont ajoutés deux éléments nouveaux :

- la nécessité d'étudier en profondeur les conséquences non
  prévues des politiques quantitatives mises en place face à la
  crise – et notamment le fait qu'elles puissent encourager des
  prises de risque excessives et favoriser l'aléa moral ;
- la possibilité de mettre en place des outils macro-prudentiels
  ou micro-prudentiels pour prévenir la formation des bulles de
  crédit. Ce dernier point reste apparemment très controversé :

There is no consensus as to whether monetary policy should be used to lean against
excessive credit expansion and the resulting buildup of (noninflationary) "imbalances"
in the economy

« Il n'y a aucun consensus quant à l'utilisation de la politique monétaire pour
contrer une expansion excessive du crédit et la formation de déséquilibres
économiques qui s'ensuit »

D'où, pour finir un compromis minimaliste :

Il faudrait s'assurer que la politique monétaire est conduite de manière plus
symétrique tout au long du cycle financier.

La teneur générale de ce rapport vient donc confirmer la problématique exposée dans l'introduction de cette troisième partie, en même
temps que la conclusion de notre précédent chapitre. On peut oublier
tout fantasme complotiste et retenir néanmoins qu'au cours des dernières
années, le *Central Banking* est rapidement devenu le seul lieu d'exercice
de la politique (« *only game in town* »). Cette évolution s'est produite dans
un contexte où la Pensée Unique, quelles que soient les structures qui la
véhiculaient, et l'entre-soi des réseaux d'influence ont coupé les Banquiers
centraux de la réalité d'un monde en profonde mutation. Sûrs de leur
savoir et fiers de leurs compétences, ces derniers ont superbement ignoré
les voies de recherche qui auraient pu les aider à mieux appréhender
les déséquilibres d'un monde qu'ils en étaient venus à diriger de fait.

L'inquiétude qui surgit de ce constat est que, confrontés au double challenge de la restauration du fonctionnement des marchés financiers et de la compensation de la faiblesse endémique de la demande globale, les nouveaux (?) Banquiers centraux n'ont à peu près réussi que pour le premier, celui qui est au fond le moins important. Et qu'ils n'ont, pour l'heure, aucune solution pour le second.

Pour finir, ce rapport vient en lui-même conforter notre vieille conviction que, d'une manière générale, les Banques centrales parlent trop. Cette inclination, motivée par leur biais pro-marché, s'est développée à partir de l'ère Greenspan et n'a fait qu'enfler à mesure que la situation gagnait en complexité.

QUATRIÈME PARTIE

QUI SAUVERA
LES BANQUES CENTRALES ?

INTRODUCTION

Politiques monétaires non conventionnelles.
Remède miracle ou thérapie iatrogène ?

En dépit d'un élargissement incontestable de la recherche des origines de la crise, comme celle que l'on a évoquée au chapitre précédent, la focalisation sur des remèdes exclusivement monétaires a la vie dure. On peut bien sûr imputer, comme le fait le document du « G30 », cette obstination au caractère humiliant que revêtirait la reconnaissance officielle d'une erreur collective de diagnostic aux conséquences aussi colossales. Dans le même ordre d'idée, garder le cap évite aux titulaires actuels de la charge de mettre en péril la sacro-sainte crédibilité des institutions qu'ils dirigent. Ces arguments technico-tactiques masquent pourtant la vraie raison de cet entêtement qui est le refus catégorique de considérer la disqualification du travail et les distorsions qu'elle introduit sur les échanges internationaux comme causes principales de la crise. À moins que le motif ne soit, mais cela revient au même, l'interdiction de reconnaître publiquement cette vérité dérangeante.

Vue de la fenêtre des sociétés transnationales et des détenteurs du capital financier, la mondialisation a en effet représenté une occasion unique de dévier à leur seul profit les gains gigantesques provenant de l'arrivée sur le marché du travail de centaines de millions de travailleurs à (très) bas salaires et protection sociale nulle. Alors que les gains de productivité commençaient à décliner, le capitalisme international a trouvé dans la délocalisation de la production des biens consommés en Occident un moyen d'augmenter massivement ses marges. La meilleure illustration de ce système est fournie par Wal Mart, numéro un mondial de la (grande) distribution. Selon différentes estimations, le géant américain importerait chaque année aux États-Unis des produits fabriqués en Chine pour 50 MD USD, soit environ 25 % de son chiffre d'affaires domestique.

Générateur de profonds déséquilibres, ce système a dès sa mise en route commencé à cahoter (crises de 1997) avant de sombrer dans le surendettement des pays du Nord précédemment considérés comme avancés et désormais en grandes difficultés pour préserver leur niveau de vie.

Bien que proscrite par le dogme libéral, la monétisation des dettes a constitué le principal remède (le seul en Europe après la proclamation de l'austérité) à cette poussée de fièvre aiguë. Cette stratégie, prévue pour être temporaire, a sans conteste rempli son premier objectif, la restauration du système financier mondial. Mais elle n'a rien résolu sur le fond, son résultat le plus visible étant de propulser les valorisations des actifs financiers à des niveaux n'ayant plus aucun rapport avec l'état réel de l'économie. Alors que le bilan à court terme des résultats des politiques non conventionnelles reste mitigé, leurs implications à long terme sont franchement négatives. Se profile alors la redoutable question de la sortie de ces politiques (« *exit strategy* ») dont on sait par expérience qu'elle ne peut être indolore, a fortiori après être allé aussi loin aussi longtemps dans le « non-conventionnel ».

Face au marasme économique et à la fragilité des marchés, la normalisation de la politique monétaire, évoquée pour la première fois par la Réserve fédérale à l'été 2013 reste, au moment où sont écrites ces lignes (septembre 2016), à l'état de souhait ou de menace. On pressent en même temps que les atermoiements ne font qu'augmenter le coût prévisible d'un retour à la normale, pour les marchés et pour l'économie réelle. Et on peut même redouter que l'attentisme affaiblisse la résistance à toute crise exogène future, voire finisse par déclencher à lui seul une crise (endogène) de confiance aux conséquences incalculables.

Les Banques centrales disposent de deux canaux pour la mise en œuvre de la politique monétaire : le canal qualitatif des taux directeurs, qui déterminent le coût de refinancement des banques commerciales ; le canal quantitatif par lequel les comptes de réserves de ces banques sont alimentés en leur achetant les actifs qu'elles détiennent. Le soutien exceptionnel des Banques centrales après la crise de 2008 a pris d'abord la forme de la ZIRP (*zéro interest rate policy* mise en place dès les années 2000 au Japon) puis celle du QE (assouplissement quantitatif ou *quantitative easing*, par achat massif de créances aux banques).

ENCADRÉ 4 – Taux zéro (ZIRP) et quantitative easing (QE).

LE TROU NOIR

*Black Hole of Negative Rates Is Dragging
Down Yields Everywhere.*
Wall Street Journal, 10 juillet 2016.

À côté de la marée montante, une autre image qui vient à l'esprit, pour
décrire l'inexorable descente des taux sous le zéro, est celle d'une lente
mais irrépressible glaciation qui s'étend peu à peu sur toute la surface de la
dette. Le 10 juillet, le Wall Street Journal montrait que l'encours de dette
publique à rendement négatif atteignait 10 billions/trillions de dollars.

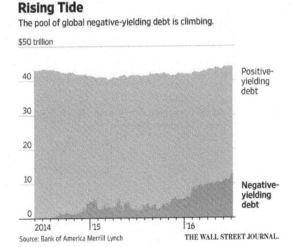

FIG. 22 – La montée des dettes à rendement négatif (source : WSJ).

LES TAUX NÉGATIFS OU NULS « TNN »
EN TROIS GRAPHIQUES

Les graphiques qui suivent racontent mieux qu'un long discours l'inexorable décrue des rendements obligataires et mettent en évidence le franchissement à différente dates de la barre théorique du zéro pour certaines maturités de titres d'État et pour les prêts interbancaires à court terme

FIG. 23 – Taux de rendement des Bons du Trésor à 3 mois
(source : Reuter's).

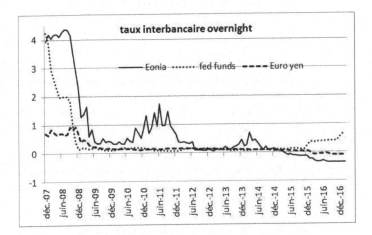

FIG. 24 – Taux d'intérêt interbancaires au jour le jour (source : Reuter's).

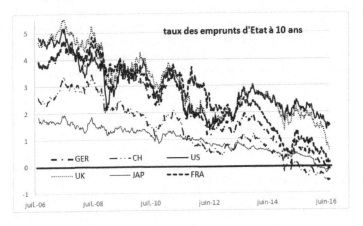

FIG. 25 – Rendements des fonds d'État à 10 ans (source : Reuter's).

PETITE HISTOIRE DU *QANTITATIVE EASING* (QE)

LE QE ET LA BARRIÈRE
DU TAUX ZÉRO (« *ZERO LOWER BOUND* »)

Les opérations de QE sont destinées en premier lieu à rétablir la liquidité d'un marché, sérieusement mise à mal par la crise, en garantissant la présence d'un acheteur de dernier ressort en toutes circonstances. De nombreux analystes contestent fortement qu'un tel résultat ait été obtenu car les achats massifs de titres par les Banques centrales ont en fait évincé du marché nombre de participants traditionnels. En second lieu, les QE visent à assurer la propagation de la baisse des taux directeurs à l'ensemble de la courbe pour influer notamment sur le coût des emprunts hypothécaires à très long terme.

À ce titre, le QE est un moyen de contourner la barre du taux zéro, barre infranchissable directement car la Banque centrale ne peut fournir la liquidité à perte. Sur ce dernier point, les experts confrontent leurs savants calculs pour estimer l'équivalent, en termes de baisse des taux d'intérêt, des montants cumulés des QE. Ainsi, par exemple, Patrick Artus estime que le gonflement de 1 100 milliards d'euros du bilan de la BCE équivaudrait à une réduction de 70 bp du taux directeur. Ce chiffre est à comparer aux 300 bp auxquels équivaudraient, selon des méthodologies différentes, les 3 700 Mds de titres acquis par la Fed. Comme le multiplicateur monétaire s'est effondré, ces calculs semblent de toute façon un peu vains.

JAPON

La première opération de Quantitative Easing, réalisée par le Japon entre 2001 et 2005, avait conduit la BoJ à acquérir pour 30 billions[1] de yens de fonds d'État (JGB)[2]. Le Japon a relancé ce programme en octobre 2010 et l'a étendu par étapes successives jusqu'à 80 billions de JPY d'achats annuels depuis 2014. En octobre 2016, la Banque du Japon

---

1   Trillons selon la terminologie anglophone soit 10^{12}. Le trillion français vaut 10^{18}.
2   Soit 250 Md USD au cours de change de l'époque de 120 yens pour 1 Dollar et environ 7 % du PIB annuel.

a ajouté une nouvelle dimension au QE en s'engageant à maintenir le taux de rendement des emprunts du Trésor à 10 ans à 0 %. Cette innovation, qui consiste en une sorte de qualitative *easing* (gestion par les taux et non plus par la quantité) ciblé sur la partie longue de la courbe des taux, est examinée au dernier chapitre.

ÉTATS-UNIS

Avant la crise de 2007-2008, La Réserve fédérale détenait entre 700 et 800 milliards de Treasuries. En novembre 2008 la Banque centrale américaine lança un programme d'achat de 600 MD de créances hypothécaires MBS (*Mortgage-backed securities*). Les encours totaux de titres à long terme à son bilan passèrent ainsi à 1,75 billions fin mars 2009 et 2,1 billions en juin 2010 (soit 14 % du PIB). Un second QE de 600 MD fut lancé en novembre 2010, puis un troisième, aussitôt qualifié de « *QE infinity* », en avril 2012. Ce dernier prévoyait l'acquisition de 40 MD de titres par mois, montant qui fut porté à 85 MD en décembre 2012.

Le freinage progressif de ces achats (*tappering*) fut annoncé par le FOMC dès juin 2013, provoquant une violente remontée des taux sur tous les marchés obligataires (de 1,60 % à 3 % sur le 10 ans américain) et quelques remous sur les bourses. La réduction effective des achats se fit en plusieurs étapes de décembre 2013 à octobre 2014, certaines de ces décisions entraînant de forts replis boursiers (-10 % entre mi-septembre et mi-octobre 2014). À la date d'arrêt des achats alors que seules les tombées de principal et de coupons sont strictement réinvesties, les actifs détenus s'élevaient à 4,5 billions soit près de 25 % du PIB.

EUROPE

Comme cela a déjà été souligné, la BCE a beaucoup tardé à mettre en place un véritable QE, en partie en raison d'obstacles liés à sa non-conformité aux traités européens. Le lancement maintes fois envisagé n'est intervenu qu'en janvier 2015, avec un programme d'achat de 60 milliards d'euros chaque mois pendant 18 mois, dont 80 % pris en charge par les Banques centrales nationales. Ce montant a été porté à 80 milliards en mars 2016, pour une durée d'un an. Il est désormais étendu aux titres émis par les grandes entreprises privés.

Parmi les autres pays, il faut signaler le Royaume-Uni qui a mis en place un QE dès mars 2009, pour un encours actuel de 325 MD, soit 12 % du PIB, et surtout la Suisse dont la Banque nationale détient un montant d'actifs égal à 100 % du PIB (dont 12 % en actions étrangères), plafonnement de la parité du CHF oblige.

CONSÉQUENCES ÉCONOMIQUES ET FINANCIÈRES DES TAUX NÉGATIFS OU NULS (TNN)

EFFETS POSITIFS DIRECTS

L'ABAISSEMENT DE LA CHARGE DE LA DETTE

L'effondrement des taux d'intérêt entraîne mécaniquement une diminution de la charge financière pour tous les emprunteurs, à commencer par les États. Pour ces derniers, en dépit de la faiblesse de la croissance globale et de la poursuite de la progression de la dette – à un rythme désormais très ralenti – le ratio charge de la dette (*i.e.* intérêts versés/Pib) est en recul depuis 2012.

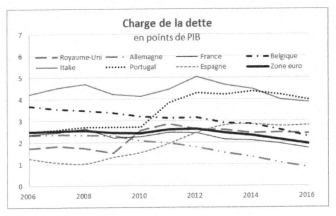

Fig. 26 – Charge de la dette (source : OCDE).

Si on prend l'exemple de la France, cet effet se propage par trois canaux :

- les rendements négatifs sur les BTF, qui représentent un peu moins de 10 % de la dette, et sur les OAT à moyen terme émises avec un coupon nul depuis début 2016.
- l'abaissement des intérêts faciaux lors du renouvellement des OAT longues arrivées à échéance (émissions datant de 10 à 30 ans qui affichaient des taux coupons entre 4 % et 6 %).
- Un effet similaire sur les OAT indexées sur l'inflation, émises elles aussi avec un coupon quasi-nul auquel s'ajoute l'effet mécanique du repli de l'inflation.

Au 15/9/2016, le taux moyen pondéré des titres à moyen long terme à taux fixe émis par le Trésor français en 2016 est de 0,37 % !

Au total, la charge de la dette réellement supportée a diminué en valeur absolue et n'est plus en 2016 le premier poste du Budget.

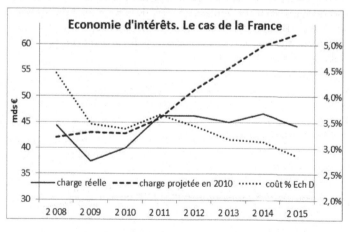

Fig. 27 – Économies d'intérêts générées par la baisse des taux
(source : commission des finances du Sénat).

LES TNN ET LE FINANCEMENT
DES DÉFICITS PUBLICS

Cette réduction inespérée de la charge d'intérêt de la dette publique conduit à ne plus envisager les TNN uniquement sous l'angle de la restauration des marchés obligataires mais aussi comme une manœuvre indispensable pour que des niveaux d'endettement très élevés ne suscitent plus aucune inquiétude. Le Japon qui a vu sa dette enfler depuis 20 ans, jusqu'à 250 % du PIB, sans émouvoir qui que ce soit, a bien ouvert la voie.

LES TNN ET L'ANNULATION DE LA DETTE

Appliquer des taux nuls à une fraction significative d'une dette qui, sous l'hypothèse de perpétuité résultant du revolving permanent, ne sera de fait jamais remboursée, revient purement et simplement à pratiquer un « *haircut* » partiel discret et indolore. Quant aux rendements négatifs, ils sont strictement équivalents à un impôt tout aussi discret et indolore. Tant pis pour les rentiers dans l'intérêt (si l'on ose dire) desquels ces mécanismes ont été mis en place.....

EFFETS FINANCIERS INDÉSIRABLES

DES RÉSULTATS MACROÉCONOMIQUES MÉDIOCRES

Comme on l'a vu à travers l'effondrement du multiplicateur monétaire (page 161), la création de monnaie banque centrale (MO) ne s'est transmise que très imparfaitement à la sphère réelle, du fait du désendettement (« *deleveraging* ») opéré par les débiteurs privés en Occident et de la frilosité des banques commerciales confrontées aux nouvelles exigences de fonds propres (régime de contrôle prudentiel dit de Bâle3).

La médiocrité des résultats obtenus par les politiques monétaires ultra accommodantes pour relancer la demande globale n'est pas vraiment surprenante. Les grands théoriciens d'avant-guerre (Keynes, Schumpeter) avaient déjà attiré l'attention sur les faux espoirs que pourraient faire naître les politiques monétaires accommodantes. Les études historiques[1] portant sur les grandes crises, depuis celle de 1929, montrent que le temps nécessaire pour un retour aux niveaux de production antérieurs, après une crise sévère, est souvent de l'ordre de la décennie.

Il était de plus prévisible que les stimuli monétaires perdraient de leur efficacité avec le temps. Les Banquiers centraux, pour cette raison, attendaient des gouvernements qu'ils profitent sans tarder du temps « acheté » par les Politiques Monétaires Non Conventionnelles (PMNC) pour mettre en œuvre des réformes en profondeur favorables à la relance de l'activité. Le malheur est que, dans la plupart des pays européens, l'agenda des réformes est resté axé exclusivement sur la politique de l'offre et son corollaire l'austérité budgétaire, alors qu'il aurait été nécessaire d'articuler des réformes structurelles favorisant l'offre avec un soutien coordonné de la demande, en tirant parti du répit offert par les PMNC sur le coût de la dette.

Les deux décennies perdues par le Japon montrent en outre que l'aisance monétaire favorise la survie d'établissements bancaires en difficultés qui se trouvent ainsi enclins à laisser courir des prêts irré-couvrables, entretenant *ad vitam aeternam* tout un secteur économique moribond qui pèse dramatiquement sur le dynamisme de l'ensemble.

LA RELANCE DE L'EUPHORIE FINANCIÈRE ET IMMOBILIÈRE

L'énorme masse de liquidités mise à la disposition des banques et l'abaissement des rendements des actifs non risqués ont créé les conditions d'un retour de l'euphorie conduisant à la formation de bulles d'actifs, financiers ou réels, à travers le monde : nouvelle bulle boursière américaine, bulle immobilière chinoise et, au premier chef, bulle obligataire généralisée dopant tant les fonds d'États que les obligations « *corporate* ».

La bourse américaine

Depuis le « trou » historique de 2009, la bourse américaine a pro-gressé de 220 %, atteignant de nouveaux « plus haut », supérieurs de

---

1   Reinhard et Reinhard. 2010.

40 % aux précédents records de 2007 ! Cette progression s'est peu à peu déconnectée des deux déterminants fondamentaux de la valorisation boursière que sont la richesse totale produite (PIB) et la profitabilité des entreprises. Le graphique ci-dessous montre clairement que la relation assez stable entre les trois agrégats est devenue erratique à partir de la deuxième moitié des années 1990 avec une forte amplification depuis 2008.

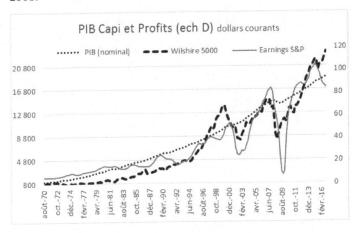

FIG. 28 – La déconnexion de la capitalisation boursière américaine
(source : Fed Saint-Louis).

Alors que sur longue période le ratio Capitalisation boursière/Pib s'établit en moyenne de 75 %, il dépasse à 120 % à l'automne 2016[2]

L'excès de liquidités généré par la monétisation de la dette, mesuré par le ratio base monétaire M0 sur PIB, a été déterminant dans cette évolution depuis 2009.

---

2   Nos calculs retiennent la capitalisation de l'indice Wilshire 5000 comme proxy de la capitalisation boursière totale. D'autres modes de calcul l'évaluent même à 140 %.

FIG. 29 – Capitalisation boursière et création monétaire
(source : Fed Saint Louis).

La fragilité des marchés obligataires

L'euphorie financière rend les marchés de plus en plus fragiles à mesure qu'elle prend de l'ampleur. L'analyse des crises menée dans la deuxième partie a montré par quel mécanisme endogène les bulles se terminent en krachs. S'agissant des actifs à taux fixe, des éléments techniques s'ajoutent aux facteurs relevant de la psychologie collective pour augmenter la vulnérabilité des marchés.

En effet, plus le taux d'intérêt à partir duquel les obligations sont valorisées baisse et plus l'impact d'une variation de taux sur le prix augmente. Le coefficient qui relie les deux variations, appelé sensibilité (dérivée de la fonction prix par rapport au taux) suit une courbe convexe qui prend des valeurs de plus en plus forte à mesure que l'on approche du taux zéro. Comme le taux de marché et le taux de coupon sont grosso modo assez voisins (et que l'abaissement du taux coupon fait lui aussi monter la sensibilité), le rapport entre le risque de cours, en cas de remontée des taux, et le taux coupon se détériore à mesure que les taux baissent et que le prix des obligations s'élève.

Pour donner un ordre d'idée, au milieu des années 1990, le taux coupon et la sensibilité était tous deux aux environs de 6, ce qui faisait qu'une remontée des taux de 1 % annulerait le coupon de l'année. À partir de taux voisins de zéro, une remontée de 1 % ferait chuter le prix de 10 % sans qu'aucun revenu ne vienne compenser la perte en capital !

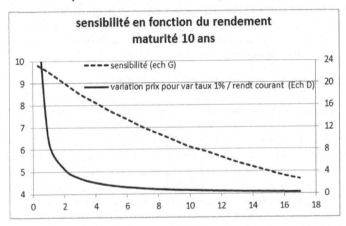

FIG. 30 – Sensibilité obligataire.

La situation est encore plus dramatique dans le secteur des obligations privées, dont certains émetteurs bénéficient d'ores et déjà de rendements négatifs sur des échéances à moyen terme (Nestlé). Lorsqu'un gérant explique qu'il achète des telles obligations, disons avec un rendement de -20 bp, d'une part parce qu'il fera une plus-value si l'on descend à -40 bp et d'autre part parce qu'il doit suivre son benchmark, on peut affirmer sans grand risque de se tromper que le marché de la dette corporate est devenu un casino, à l'image du Nasdaq et des valeurs technologiques à la fin 1999.

De la volatilité à la versatilité

Les conditions techniques décrites ci-dessus confèrent aux stratégies mises en œuvre par l'ensemble des acteurs des marchés financiers un caractère de plus en plus spéculatif et suiveur (*trend follower*). En l'absence de rendement courant, l'investisseur en vient à adopter, qu'il le souhaite ou non, une posture spéculative (« *risk taker* ») impliquant de sortir du marché à la moindre alerte (« *risk on/risk off* »). Ainsi, en juin 2013, la première évocation de *l'exit strategy* par Bernanke provoqua un séisme sur tous les marchés obligataires.

Le régime de volatilité globale des marchés s'en trouve profondément modifié, avec des niveaux exceptionnellement bas dans les périodes de confiance et des poussées de fièvre dès que la fin des politiques d'exception devient une menace concrète.

La nouvelle bombe à retardement des fonds de pension

La baisse des revenus touche particulièrement les institutions IRP (assurances, fonds de pension, caisses de retraite) dont les équilibres emplois/engagements sont laminés par la baisse des taux effectifs de capitalisation. C'est en particulier le cas de l'Allemagne, où l'impasse (« *mismatch* ») de duration atteint 11 ans, avec un taux de capitalisation implicite des actifs et des garanties explicites sur les passifs autour de 3 %. Si les rendements restent proches de zéro, ces fonds seront dans l'incapacité de remplir leurs engagements d'ici quelques années. Leur faillite virtuelle montre, s'il en était besoin, que le problème des retraites va bien au-delà du débat capitalisation vs répartition dans lequel la pensée consensuelle l'enferme systématiquement.

EFFETS ÉCONOMIQUES INDIRECTS

ENCORE PLUS D'INÉGALITÉS, ENCORE MOINS DE CROISSANCE

S'il paraît acquis que les inégalités (de revenus et de patrimoines) ont joué un rôle essentiel dans la genèse de la crise, il semblerait que les PMNC, à travers un certain nombre de mécanismes, contribuent à leur aggravation. Au final, ces effets induits par les PMNC joueraient donc contre leur second objectif, la relance de la demande globale.

INÉGALITÉS PATRIMONIALES ET PROPENSION À CONSOMMER

L'euphorie financière résultant des taux bas et des QE enrichit les patrimoines les plus importants, tant dans leur composante mobilière (portefeuilles d'actions) que pour les actifs immobiliers résidentiels.

De plus l'abaissement des conditions de (re)financement hypothécaire ne profite pas de manière égale à toutes les strates de population. En clair, la renégociation des prêts à taux plus avantageux, dans un contexte de resserrement des conditions de crédit, s'adresse majoritairement aux catégories les plus aisées. Au total, l'amélioration de la richesse globale concerne surtout les ménages dont la propension à consommer est la moins élevée.

L'EFFRITEMENT DES ANTICIPATIONS D'INFLATION

Les différentes mesures de l'inflation anticipée à moyen et long terme (notamment par les taux *forward* implicites des obligations indexées sur l'inflation) ne montrent aucun signe de redressement

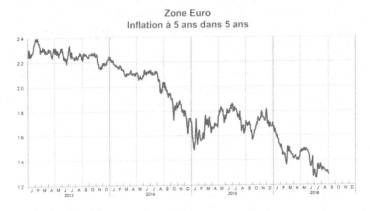

Zone Euro
Inflation à 5 ans dans 5 ans

FIG. 31 – Inflation anticipée (source : Rexecode).

Il est surprenant que des économistes convaincus de l'importance de l'ancrage des anticipations en matière d'inflation persistent à croire que des taux nuls, voire négatifs, permettent de combattre la déflation.

Cette obstination est une preuve supplémentaire de l'asymétrie de la pensée dominante sur ces questions et de son incapacité à intégrer les phénomènes réflexifs qui régissent la psychologie collective. Répéter *ad nauseam* que les taux extrêmement bas sont là pour longtemps ne peut que renforcer la perception déflationniste globale et induire des comportements auto-réalisateurs, comme cela se passe, en sens inverse pour les mouvements inflationnistes, même si l'amplitude est ici a priori plus réduite.

LA DESTRUCTION DE L'ÉPARGNE DES CLASSES MOYENNES

Les TNN amputent sévèrement les revenus financiers des épargnants modestes et, dans une perspective à long terme, réduisent drastiquement leurs espoirs de capitalisation. Pour les optimistes, cette restriction conduirait à diminuer l'effort d'épargne et à réorienter ces flux vers la consommation ! Cette hypothèse audacieuse permet à certains de proposer une interprétation sociale pour le moins insolite de la motivation des Banques centrales.

Ainsi pour l'économiste Mathilde Lemoine[3], l'objectif pour les Banques centrales serait de sortir de la trappe à liquidité et de faire en sorte que les banques prêtent, que les agents économiques consomment et que les entreprises investissent.

La généralisation des taux d'intérêts négatifs aurait donc pour conséquence la diminution du montant d'épargne détenue par les ménages et principalement par les retraités, sans troubles sociaux car la surliquidité devrait minimiser la portée de cet impôt discrétionnaire (?) :

> La quantité de monnaie est telle que les épargnants finiront par accepter d'être poussés à consommer

L'objectif poursuivi est alors sans aucun doute

> La disparition progressive de l'épargne afin de réduire les écarts de situation entre les retraités et les jeunes actifs en supprimant le déterminisme social.

---

3   Mathilde Lemoine, économiste du Groupe Edmond de Rothschild après avoir exercé les mêmes fonctions chez HSBC. Siégeant au Haut Conseil des Finances Publiques, elle est aussi membre des Gracques, think tank de la gauche « réformatrice » (en fait sociale-libérale donc plus du tout sociale) qui a bien fait entendre sa voix dans la crise grecque : http://lesgracques.fr/grece-ne-laissons-pas-m-tsipras-braquer-les-banques/

L'expérience japonaise de 20 ans de taux zéro témoigne du caractère fantasmatique de cette interprétation bien subtile de l'action des Banques centrales. Le bon sens laisserait plutôt supposer que les retraités continuent d'épargner parce qu'ils redoutent l'insuffisance de leur pensions de retraite, désormais désindexées, face au coût du quatrième âge et de la dépendance. Si les « seniors » optent de plus en plus pour la transmission de patrimoine afin de combler les déficits de revenus des jeunes générations, la constitution de patrimoines financier ou immobilier reste d'autant plus impérative pour ces dernières que les taux de capitalisation sont bas et que leurs lointains espoirs, en termes de retraite, sont voisins de zéro. Au total, le comportement induit par les TNN serait bien d'épargner encore plus, et donc de consommer moins...

TINA[1] ?

Le bilan en demi-teinte voire franchement négatif que l'on peut dresser au plan macroéconomique des opérations de QE conduit les chercheurs et certains banquiers centraux à s'interroger sur le bien-fondé de leur poursuite. Le mix de la rigueur budgétaire et d'une politique monétaire hyper-accommodante, que d'aucuns ont osé nommer « austérité expansive », n'a eu aucun effet notable sur l'activité réelle en Europe. Les 2 % d'inflation devenus on ne sait trop pourquoi le nouveau Graal de la politique monétaire et de la prospérité, restent pour l'heure un objectif inatteignable. Ils semblent moins inaccessibles aux États-Unis dont la croissance semble stabilisée mais dont la reprise, qui doit beaucoup au miracle énergétique du gaz de schiste (*shell gas*), reste fragile.

Comme un staff médical confronté à l'inefficacité d'une thérapie dont les effets indésirables augmentent, les autorités monétaires font face à un choix dramatique : faut-il continuer en renforçant la prescription ? Ou faut-il au contraire changer son fusil d'épaule ?

QE FOREVER ?

Il paraît intuitivement impossible de poursuivre le « quantitative easing » indéfiniment. Au Japon par exemple, si le programme de rachat d'obligations de la BoJ se poursuivait au rythme actuel, les actifs totaux de la banque centrale s'élèveraient à 150 % du PIB avant la fin du premier semestre de 2020. En outre, La BoJ détiendrait alors deux tiers de l'encours des obligations d'État, contre 37 % aujourd'hui. Par ailleurs, si elle maintenait sa cadence d'achat de fonds indiciels cotés (ETF), elle

---

1   En référence à la réponse favorite de Mme Thatcher : « il n'y a pas d'alternative »

« pèserait » 10 % de la capitalisation boursière totale du marché actions japonais[2]. Pourtant rien ne parait devoir lui faire changer de cap

Essayer de savoir si les Banques centrales peuvent faire faillite ou si elles peuvent se recapitaliser elles-mêmes indéfiniment est un peu comme discuter du sexe des anges. À mesure que leurs bilans se chargent en titres de moins en moins sûrs, la question devient pourtant de plus en plus prégnante. Dans la logique de non-linéarité des phénomènes et d'effets de seuil à laquelle nous nous référons souvent, on peut craindre en effet que l'acquisition permanente d'actifs risqués par la Banque centrale puisse à un certain moment – non prévisible – mettre en péril sa crédibilité. Par voie de conséquence, c'est la confiance dans la monnaie, concept central sur lequel nous nous sommes longuement étendus, qui serait atteinte.

La Réserve fédérale, en annonçant puis en mettant en œuvre le freinage du QE (« *tappering* ») dès 2013, a fait preuve sur ce point d'un discernement qu'on cherche en vain du côté de la BoJ, qui paraît embarquée sur la voie de l'expansion infinie de son bilan[3]. La BCE de son côté ne s'est engagée que jusqu'à fin 2017 et n'a dévoilé aucune intention pour la suite.

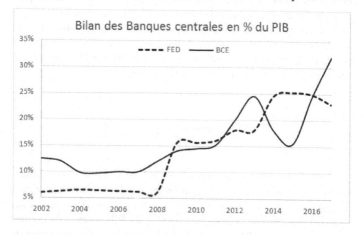

FIG. 32 – Gonflement des bilans des Banques centrales.

---

2   Note mensuelle Pictet AM. Septembre 2016.
3   Le bilan de la banque du japon, comme celui de la Banque nationale Suisse mais pour d'autres raisons, dépasse 100 % du PIB.

LA MONNAIE HÉLIPORTÉE, ULTIME EXPÉDIENT
DE L'HYPER-FINANCIARISATION

Face à l'échec macroéconomique des QE, les stratégistes qui restent enfermés dans une logique purement monétariste en viennent à envisager des solutions de plus en plus délirantes. La prochaine étape de la médication néo-libérale quantitativiste pourrait ainsi consister dans le recours à « l'hélicoptère monétaire », vieille allégorie que l'on doit à Milton Friedman et qui fut reprise par B. Bernanke. Cette solution ferait l'objet des discussions les plus sérieuses dans l'entourage des Banquiers centraux. Mais ces derniers, en Europe et aux États-Unis, pour l'heure, l'écartent totalement.

Passons sur la redoutable question des modalités pratiques d'une telle opération – notamment le caractère égalitaire ou non de la distribution – et attardons-nous sur sa signification profonde. Keynes avait imaginé quelque chose de similaire :

> Si le Trésor était disposé à emplir de billets de banque des vieilles bouteilles, à les enfouir à des profondeurs convenables dans des mines désaffectées qui seraient ensuite comblées avec des détritus urbains, et à autoriser l'entreprise privée à extraire de nouveau les billets suivant les principes éprouvés du laisser-faire (…). Le chômage pourrait disparaître et, compte tenu des répercussions, il est probable que le revenu réel de la communauté de même que sa richesse en capital seraient sensiblement plus élevés qu'ils ne le sont réellement (Livre III de la Théorie générale).

Un aspect essentiel de cette proposition parfaitement utopique est qu'elle maintiendrait l'organisation sociale puisque la distribution de billets passerait par l'intermédiation de l'entreprise et de la rémunération du travail, même si celui-ci serait dans le fond parfaitement inutile. Ce point n'avait pas échappé à Keynes qui ajoutait :

> À vrai dire, il serait plus sensé de construire des maisons ou autre chose d'utile ; mais, si des difficultés politiques et pratiques s'y opposent, le moyen précédent vaut encore mieux que rien.

Relancer l'économie mondiale à travers le réservoir inépuisable de demande que représente l'amélioration générale de l'habitat, voilà une application simple du modèle fordiste dont on se demande bien pourquoi elle n'a pas encore été mise en œuvre ?

La proposition de Keynes représente en réalité tout le contraire de ce que l'on entend par hélicoptère monétaire. Avec ce dernier mécanisme, les autorités verseraient de l'argent supplémentaire à la population par le biais de réductions d'impôts, de bons d'achat ou d'une hausse des dépenses publiques. En parallèle, elles s'engageraient à ne pas augmenter les impôts ultérieurement pour récupérer cet argent. L'assurance que ces sommes ne seraient jamais redemandées conjurerait les effets de l'indifférence ricardienne Les agents économiques se mettraient alors à les dépenser, ce qui stimulerait l'activité économique et l'inflation.

La question clé de cette proposition concerne sa récurrence. La métaphore du jeu de Monopoly est ici tout à fait instructive. Dans ce jeu, la monnaie est distribuée par une dotation initiale puis par le mécanisme qui veut qu'en passant par « la case départ vous recevez 20 000 ». Cette clause représente en fait une rémunération régulière du participant au fil de l'avancement du jeu. Curieusement, dans ce jeu par ailleurs bien élaboré, la quantité d'argent initialement disponible par joueur est fixe, quel que soit le nombre de joueurs. Sans avoir étudié la théorie quantitative de la monnaie, il apparaît rapidement que le jeu ne se déroulera pas de la même manière (sur la même durée) suivant qu'il implique deux, quatre ou six participants, puisque les actifs à acquérir sont en quantité et à prix fixes. Autrement dit, c'est ici le nombre de joueurs qui détermine la quantité totale (variable) de monnaie disponible pour effectuer des transactions sur des biens (terrains, maisons et hôtels) dont le prix total est fixe.

Pour remédier à un manque global de liquidités résultant d'un faible nombre de joueurs et ainsi favoriser les regroupements de terrains et les constructions, les joueurs peuvent décider d'une distribution unique de monnaie ou augmenter l'allocation fournie à chaque tour. La première solution s'apparente à un tour unique de l'hélicoptère monétaire. Elle ne peut produire qu'un effet d'aubaine, une ruée instantanée et sans lendemain et de plus génératrice de distorsions locales entre offre et demande (*cf.* les effets de la distribution de pouvoir d'achat en France en 1981, profitant aux importations de magnétoscopes en provenance d'Asie). La seconde entraîne une élévation durable du revenu disponible et donc de la consommation ou de l'investissement. Transposée au monde réel, cette distribution récurrente peut avoir soit le caractère d'un revenu (lié à une activité) soit procéder explicitement d'une création ex-nihilo par le Trésor avec le concours de la Banque centrale.

L'hélicoptère monétaire correspond à la deuxième hypothèse. Il n'est en fait que l'ultime gadget imaginé pour redonner du pouvoir d'achat aux « pauvres » sans entamer celui des « riches » et donc sans modifier le partage capital/travail ni rien changer aux déséquilibres structurels qui empoisonnent l'économie globale et minent l'homogénéité de nos sociétés.

De telles opérations ne feraient en outre qu'accroitre la divergence entre la richesse réelle et l'ensemble des instruments monétaires et financiers en circulation, ce qui augmenterait considérablement les risques d'accident financier majeur. Le rôle des Banques centrales sur lesquelles repose déjà le fonctionnement précaire de tout le système économique, s'en trouverait encore amplifié dans des proportions déraisonnables, ce qui les exposerait sévèrement en cas de revers de conjoncture (voir au prochain chapitre l'évocation de la stratégie du Japon).

LES BANQUES CENTRALES
AU CŒUR DE LA PROCHAINE CRISE
DE CONFIANCE

LE NOUVEAU TRIANGLE D'INCOMPATIBILITÉS

À lecture des chapitres précédents, il apparaît clairement que les banquiers centraux occidentaux font face à un trilemme que leur homologue japonais a d'ores et déjà tranché.

Même si l'unanimité n'est pas acquise (M. Draghi semble parfois y croire encore), la médiocrité des résultats obtenus par les PMNC semble largement reconnue. Leur influence est de plus en voie d'épuisement, alors que leurs effets iatrogènes augmentent avec le temps. La nécessité de « normaliser », de ce point de vue, semble recueillir un vaste consensus, même si la nature exacte et le timing de cette normalisation restent des plus flous.

Les marchés financiers, qui ont fortement progressé, sont en état d'extrême fragilité car la coexistence de l'inflation des actifs avec la quasi-déflation des biens et des services ne peut être durable (soutenable). D'un côté, les prix de marché sont gonflés par l'afflux de liquidités tandis que, de l'autre, les anticipations de revenus sont plates voire en repli en termes réels. Or la valeur des titres (créances et actions) n'est validée, *ex-post*, c'est-à-dire une fois neutralisée la chaîne des valorisations conventionnelles intermédiaires, que par les revenus produits par l'économie réelle. La divergence entre les cours de bourse et les données fondamentales, exprimée par les niveaux très élevés des multiples de capitalisation (dont le ratio Capitalisation/PIB ou le Q de Tobin) peut alors prendre fin brutalement, en fait dès que l'espoir de plus-value qui sous-tend les survalorisations disparaît.

La démonstration de ce principe est triviale lorsqu'il s'agit d'obligations, du fait de la convergence du prix avec la valeur de remboursement contractuelle à une date certaine. Elle devient plus subtile pour les actions, dont la durée est indéterminée et qui peuvent de ce fait afficher pendant des périodes étendues des cours portés par des prophéties auto-réalisatrices et/ou légitimés par des engouements hystériques.

Le soutien déterminant apporté à ce phénomène par la surliquidité explique que l'inflexion des politiques monétaires joue un rôle crucial dans la remise en question des valorisations trop optimistes. Depuis les années 1960, neuf des dix inversions du cycle monétaire américain ont été suivies, dans un délai maximum de dix-huit mois, par une forte baisse des marchés d'actions (de 20 % à 60 %).

Sur le graphique ci-dessous, sont représentées, sur deux échelles différentes, la hausse cumulée du taux directeur de la Réserve fédérale (*fed funds*) et l'inverse de la baisse cumulée de la bourse. Seul le resserrement anachronique opéré par Greenspan en 1994 n'a pas eu d'effet fortement dépressif sur les cours boursiers.

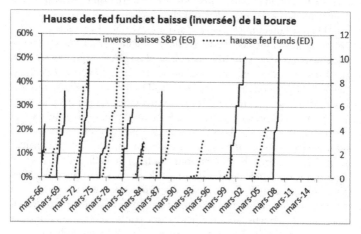

FIG. 33 – Cycle des taux et cycle boursier
(source : Reuter's, Fed, calculs de l'auteur).

D'un point de vue tactique, il est impératif que les Banques centrales reconstituent leurs marges d'interventions à titre préventif, c'est-à-dire qu'elles se redonnent des capacités de baisse des taux et de regonflement de leurs bilans pour faire face à des chocs exogènes ou à des crises financières endogènes. Dans son discours de 2016 à Jackson Hole, Janet Yellen s'est longuement étendue sur ce sujet, à la fois pour en souligner l'acuité et pour modérer les craintes quant à l'amplitude de cette reconstitution, au vu des nouvelles caractéristiques de l'économie réelle. En clair, grâce à l'expérience acquise et aux outils mis en place depuis 2007, il ne serait plus nécessaire de disposer d'une marge de baisse de 4 % pour éteindre une crise.

LE CHOIX INSENSÉ DU JAPON

Le Japon qui cherche croissance et inflation désespérément depuis plus de vingt ans a donc de son côté décidé de poursuivre dans la voie de la monétisation infinie. Comme nous l'avons dit page 205, une dette qui ne sera jamais remboursée (par l'effet du *roll over*) et qui ne paie pas d'intérêt est une dette virtuellement en défaut dès son émission. L'engagement de la BoJ d'acheter cette dette sans limite pour maintenir son rendement à 0 % revient à émettre de la monnaie supplétive – sans contrepartie – de manière illimitée. Cela va-t-il relancer l'inflation, là où tous les plans de relance et la ZIRP ont échoué depuis un quart de siècle ? Il y a en fait deux questions en une : quelle serait l'innovation dans le canal de transmission de cette extension de la monétisation de la dette qui garantirait que « cette fois ça va marcher » ? Cette cavalerie est-elle susceptible d'inspirer la confiance nécessaire pour qu'une relance puisse prendre corps ou va-t-elle provoquer la réaction contraire ? On peut vraiment se demander si le gouvernement et la BoJ n'ont pas décidé de franchir le Rubicon au risque de s'y noyer.

LE MARÉCAGE DES OPTIONS D'EXIT

Certains commentateurs voient le monde occidental prêt à suivre l'exemple japonais. Ceci paraît pour l'heure peu vraisemblable et on assiste plutôt à un débat sans fin sur la meilleure façon d'organiser une normalisation : douce (*soft/smooth*), avec ou sans *guidelines*, avec quelle asymétrie entre inflation et déflation, en avance ou en retard etc. ?

Aucune solution n'est exempte d'inconvénients et aucun consensus n'émerge vraiment sur la gravité respective des effets indésirables attachés à chaque possibilité. Les plaies de l'expérience cuisante de la chute de Lehman et de ses effets de propagation non attendus ne sont pas cicatrisées et elles nourrissent des craintes d'un cataclysme financier d'une ampleur encore plus grande qui pourrait résulter d'un resserrement monétaire. Un revirement trop brutal rendrait de facto un certain nombre de dettes insupportables et révélerait la vulnérabilité de quelques acteurs notoirement sous-capitalisés. Les Banques centrales pourraient de plus enregistrer elles-mêmes des pertes sur les actifs qu'elles détiennent, ce qui mettrait tout à coup au premier plan la nature effarante de leurs relations de cavalerie avec les États (ou les banques pour la Réserve fédérale) qui sont leurs actionnaires.

Au final, la tentation est grande d'opter pour le statu quo en considérant que le risque de marché serait pour l'heure plus coûteux que les effets macroéconomiques, indésirables mais finalement supportables. Ce non-choix présente pourtant le double inconvénient d'accroître ces effets par le simple passage du temps et de laisser *in fine* se dissiper peu à peu la possibilité de reconstituer des marges d'intervention.

TROIS RISQUES MAJEURS

Pour les conjoncturistes, la solution de facilité est de se fondre dans l'optimisme consensuel. L'inclination au pessimisme qui nous est parfois reprochée relève de ce fait beaucoup plus d'une volonté de contradiction du consensus (mou) pour débusquer les risques occultés que d'un biais psychologique vraiment négatif auquel il serait commode de l'attribuer. Une telle posture ne peut en outre en aucun cas être dictée par un choix stratégique car le pessimisme « *contrarian* » n'a jamais permis à qui que ce soit de construire une carrière et encore moins un fonds de commerce prospère. Les « Cassandre » ne sont jamais écoutées avant la catastrophe, c'est-à-dire lorsque leur prédiction présente une vraie valeur ajoutée. Qui connaissait Elaine Garzarelli[1] avant 1987 ou Nouriel Roubini avant 2007 ?

Réservant l'énoncé des conditions d'une sortie par le haut pour la conclusion générale de cet ouvrage, nous consacrons la fin de cette quatrième partie à l'examen de trois scénarios possibles pour une fin des TNN en forme de crise (implosion ou explosion). Rappelons que le titre « trou noir » exprime notre conviction qu'il n'y a aucune chance que cette sortie se fasse « naturellement », par une espèce de mutation miraculeuse de l'économie mondiale. Les partisans de la macroéconomie néoclassique peuvent toujours imaginer des mécanismes « souterrains » qui remettraient progressivement l'économie mondiale sur le chemin d'une croissance vertueuse, sans que rien n'ait été changé dans son organisation. Hors de cette hypothèse fantasmatique, la fin des TNN, qu'elle soit orchestrée ou accidentelle, sera très probablement doulou-reuse. Mais, au-delà de cette tonalité globalement sombre, les options retenues par les autorités monétaires auront une influence directe sur la façon dont les secteurs, pays et strates de population seront affec-tés. Une remontée ordonnée des taux directeurs accompagnée d'une réduction conventionnelle de toutes les dettes publiques constituerait une solution à la fois courageuse, raisonnable et dans laquelle la crise financière subséquente pourrait être contenue. Au contraire, une rupture non maitrisée du statu quo, impliquant un krach obligataire et/ou des défauts massifs, aurait des conséquences dévastatrices.

---

1   Pythie de Lehmann Brothers, aujourd'hui tombée dans l'oubli. Elle avait déclaré le marché surévalué de 35 % peu de temps avant le lundi noir d'octobre 1987.

SCENARIO 1. LE POPULISME
ET LA DISLOCATION POLITIQUE DU « NORD »

Au plan politique, l'effet collatéral le plus évident du creusement des inégalités qui a accompagné la mondialisation est la montée des populismes, visible dans toutes consultations électorales des démocraties occidentales depuis vingt ans. Certains conservateurs n'hésitent pas à renverser la charge de la preuve en affirmant que ce sont les mouvements populistes qui utilisent le mythe des inégalités pour leur propagande. Dans son ouvrage majeur « Les origines du totalitarisme », publié en 1951, Hanna Arendt s'étend longuement sur les causes économico-sociales de l'histoire dramatique de la première moitié du XXe siècle. Sa thèse est que ce sont les laissés-pour-compte de la révolution industrielle, les masses marginalisées et abandonnées par les pouvoirs traditionnels, qui se sont ralliés aux mouvements totalitaires et ont adhéré à leur thèses xénophobes et racistes.

Dans l'univers archi médiatisé du début du XXIe siècle, les amalgames qui nourrissent les mouvements populistes prennent corps à une vitesse sidérante qui contraste avec l'immobilisme et la paralysie des « élites ». La victoire de Donald Trump à l'élection présidentielle américaine témoigne de la désintégration du corps politique traditionnel des États-Unis. Après l'adoption du Brexit par referendum, l'Europe paraît tout aussi vulnérable du fait de l'incomplétude de sa construction et du renoncement général de ses dirigeants aux motivations « nobles » du projet. Alors que l'euro représente 20 % des réserves de change dans le monde (et 30 % des transactions), sa dislocation pourrait ainsi être le déclencheur d'une crise financière majeure.

L'histoire enseigne en effet que les crises de change sont les vecteurs de la plupart des crises financières, parce que la brutalité et l'instantanéité des flux qui les caractérisent déstabilisent les marchés des actifs qui sont la contrepartie des avoirs en devises et, par ricochet, mettent en grandes difficultés les institutions financières.

SCÉNARIO 2. L'ACCIDENT EXOGÈNE

Un monde plus complexe est aussi un monde plus dangereux. De Tchernobyl à Fukushima, en passant par le séisme de Kobe, l'ouragan Katrina ou le Tsunami de 2004, quelques catastrophes de grande ampleur, naturelles ou d'origine humaine, ont frappé la planète au cours des trente dernières années. Face à de tels évènements, la sphère financière a en général réagi de manière assez modérée, comme si le « *business as usual* » devait être la règle inamovible en la matière.

Cette sérénité parfois à la limite de l'indécence pourrait être mise à l'épreuve en cas d'aggravation des sinistres, par exemple si les aléas climatiques confirmaient le pronostic des scientifiques qui les voient augmenter rapidement en gravité et en fréquence.

Il en va de même de l'« externalisation » des questions géopolitiques hors du champ de la prospective économique et financière, tendance que l'on observe depuis les attentats du 11 septembre 2001 et la résilience de l'économie américaine. Le potentiel d'indifférence des marchés pourrait être testé en cas d'aggravation des tensions, notamment au Moyen-Orient ou dans la péninsule arabique. Enfin le terrorisme, qui pour l'heure n'a pas activé d'outils potentiellement ravageurs, biologiques, chimiques ou nucléaires, fait toujours peser la menace d'un changement d'échelle.

SCÉNARIO 3. LES PHÉNOMÈNES ENDOGÈNES

Tous les cas de figure exposés ci-dessus sont évidemment des catalyseurs potentiels de l'éclatement d'une crise financière d'une ampleur au moins égale à celle de 2007 et face à laquelle les Banques centrales seraient, dans leur configuration présente, très démunies. Pour autant, ces scénarios n'offrent pas de réponse satisfaisante à la question qui est le fil conducteur de ce livre et qui concerne un possible dénouement autonome du processus d'enlisement de l'économie capitaliste hyper financiarisée dans le trou noir.

Toute la difficulté de cette question réside dans la possibilité qu'un vaste mouvement de défiance frappe les Banques centrales et la monnaie « financière » qu'elles ont émises et continuent d'émettre inconsidérément pour soutenir le système financier. Le parallèle avec la défiance devant l'inflation auquel on pense spontanément se heurte au paradoxe de la dualité monétaire actuelle, la coexistence de l'inflation de la monnaie de dette avec la quasi-déflation de la monnaie d'échange. Une crise de confiance pourrait-elle atteindre une monnaie dont le pouvoir d'achat en biens et services est stable, parce que sa composante bancaire (au sens de la monnaie de banque centrale) et financière (au sens de la monnaie de la dette) se déprécie ?

Dans le scénario d'inflation galopante, les agents accélèrent le rythme de leurs dépenses à mesure que la dépréciation de la monnaie s'amplifie, enclenchant ainsi la spirale de hausse des prix. En économie ouverte, la crise éclate lorsqu'ils retirent leurs avoirs du système bancaire (*bank run*) pour les convertir en devises étrangères ou en or, précipitant la chute de la monnaie et les faillites bancaires.

Le scénario que nous tentons d'élaborer est différent en ce sens qu'il ne repose pas sur des phénomènes d'accélération. Il semblerait plutôt devoir se caractériser par une période de latence, pendant laquelle les incertitudes et les tensions progressent, pour se conclure par une rupture soudaine. Les taux négatifs et la détention d'un volume croissant d'actifs financiers par les Banques centrales pourraient tout à coup inciter les agents à retirer tous ensembles leurs avoirs bancaires et à liquider leur épargne investie pour les convertir en billets, dont le pouvoir d'achat n'est pas menacé[2], ou en biens réels de toutes natures : immobilier, forêts, vignobles, œuvres d'art, or[3].

Le cas de l'assurance-vie en France est exemplaire : en dépit des efforts des prescripteurs pour les détourner des contrats en euros au profit des contrats diversifiés en Unités de Comptes (UC), les français restent attachés à la première formule qui ne comporte pas de risque de marché[4]. Mais les revenus obligataires qui fondent inexorablement année après année se rapprochent d'un seuil qui mettra tout l'édifice en péril et avec lui les centaines de milliards d'euros de dettes publiques européennes qu'il détient.

Parallèlement à cette sortie des véhicules financiers traditionnels, les ménages pourraient aussi généraliser le recours, pour leurs transactions courantes, aux monnaies complémentaires locales et pour les transactions plus importantes aux « *block chains* », sortant celles-ci des circuits bancaires officiels...

---

2   Ce serait plutôt l'usage qui en serait menacé par des restrictions légales visant à « bancariser » toutes les transactions.

3   Ce n'est pas par hasard que l'ancien record de 835 USD pour une once d'or, datant de 1980 et du dollar « Carter », a été pulvérisé en 2009. Si le nouveau record à 1920 USD relevait clairement d'un excès spéculatif, la stabilisation des cours entre 1200 et 1300 USD l'once, en l'absence de toute anticipation d'inflation, relève bien d'une défiance forte contre la monnaie financière.

4   19 % seulement des 60 milliards collectés sur les cinq premiers mois de 2016 concernaient les supports en UC. L'Agefi du 23/06/2016.

VULNÉRABILITÉ

Les scénarios qui ont été évoqués répondent au besoin d'étayer un pronostic sombre sur l'avenir de la finance par une description précise des mécanismes de la prochaine crise. Il y a là une sorte de soumission involontaire à une exigence constante émanant du « *mainstream* ». Pour les partisans du courant dominant, naturellement enclins à l'optimisme, tout diagnostic de vulnérabilité intrinsèque du système financier doit être validé par la mise en évidence de facteurs déclenchant clairement identifiés. Leur absence constituerait a contrario la preuve de la solidité dudit système.

Il s'agit là d'une méthode pseudo scientifique qui révèle la propension de la sphère financière à autonomiser ses règles vis-à-vis du monde réel, jusqu'à l'autisme. Car l'impact d'un choc dépend en premier lieu de son caractère inattendu (le fameux « *unknown unknown* » mis en avant par Donald Rumsfeld pendant la guerre d'Irak). La ligne Maginot n'était sécurisante qu'en fonction des stratégies classiques prêtées aux généraux allemands par l'état-major français, qui ignorait tout des attaques de Panzer. L'immobilisme de cette ligne de défense et son caractère lacunaire (la frontière belge non défendue) révélaient pourtant sa vulnérabilité intrinsèque. Il est donc nécessaire de terminer cette quatrième partie par un bref retour sur la vulnérabilité du système financier, appréhendée non plus à travers les TNN et leur issue mais par sa structure propre.

Sur un plan théorique, les progrès récemment accomplis dans l'étude des écosystèmes et la cybernétique ont permis de mettre en évidence les conditions qui assurent la résilience d'un système. Dominique Dron (2015) les résume ainsi :

> L'existence de rétroactions permettant de maintenir le système dans des limites physiques soutenables ; une plasticité des relations et des flux liée à une connectivité suffisante mais sans substituabilité généralisée ; une diversité importante des types d'acteurs ; enfin, des cycles bouclés de matière et d'énergie permettant d'entretenir les stocks vitaux.

Dans sa proposition pour une régulation systémique de la finance, l'auteure soumet la finance à une analyse critique en tant que

« finansystème ». Elle la décrit comme un sous-système de l'économie, elle-même sous-système de la société, puis de la planète (nature) et pour finir de l'univers. Mais elle observe « plutôt une contagion inverse de logique, depuis le sous-système financier vers les sur-systèmes », cette inversion rappelant le désencastrement de l'économie décrit par Polanyi[5]. Or

> La cybernétique enseigne que le contrôle d'un système diversifié, riche en informations et boucles de rétroaction [la nature ; la société], par un sous-système plus pauvre [la finance] aboutit alors à la perte de cohérence d'ensemble et à la destruction du système. En biologie, une faible sensibilité d'un sous-système par rapport aux signaux des sur-systèmes [l'autisme de la finance] n'est pas synonyme de robustesse mais de vulnérabilité.

Outre les effets nocifs induits par sa domination, la sphère financière est hautement vulnérable parce qu'elle est insuffisamment et de moins en moins diversifiée (en termes d'acteurs) et que la démultiplication des produits dérivés réduit les boucles de rétroaction et génère au contraire de plus en plus d'« effets en cascade ».

Cet apport scientifique s'ajoutant aux constats économiques déjà exposés, il n'en est que plus étonnant que les milieux financiers et académiques restent majoritairement fascinés par l'expérience de monétisation galopante menée dans les économies occidentales (et nippone), dont ils ne voient pas pour quelle raison elle pourrait prendre fin d'elle-même, simplement parce que « jusqu'à maintenant ça marche » ….

---

5   *Op. cit.*

CONCLUSION

Le XXIe siècle sera coopératif ou ne sera pas

> Le comble du réalisme c'est peut-être
> l'idéalisme.
> Claudine TIERCELIN

La quatrième partie que nous venons de terminer doit-elle être versée au dossier des prophéties catastrophistes qui nous assaillent aujourd'hui ? Le dérèglement climatique, la destruction de la biodiversité, l'effondrement de la démocratie occidentale, la guerre totale des fondamentalismes religieux sont autant de périls qui affectent directement la survie de l'humanité et au regard desquels le sujet que nous avons traité dans ce livre paraîtra peut-être mineur, autant en termes d'enjeux que par sa relative simplicité. Techniquement parlant, il suffirait effectivement d'assez peu de choses pour que l'ordre économique soit rétabli. Nous dressons ci-dessous une liste certes incomplète mais qui comprend les remèdes essentiels, dans une perspective générale dépassant les blocages spécifiques de la société française. Mais c'est au plan politique que le bât blesse, tant le pouvoir des modes de pensée dominants et le lobbying intensif des puissances financières risquent pour longtemps encore de tuer dans l'œuf toute tentative de réforme qui irait vers plus de transparence, plus d'équité et moins d'instabilité.

Au plan politique, l'enjeu absolu est la nécessité de mettre fin à l'amoralité comme corollaire naturel du libéralisme. Contrairement à leurs héritiers « ultra » de la deuxième moitié du XXe siècle, les libéraux classiques ne limitaient pas l'ambition de l'organisation sociale à la protection des biens et des personnes et au respect de la libre concurrence. La redistribution de la prospérité était pour eux un souci éthique autant qu'une nécessité pour pérenniser l'ordre social. Au vu des déséquilibres économiques globaux et de la fragilisation croissante de la finance dérégulée depuis trente ans, l'échec cuisant du marxisme-léninisme et l'enlisement du *welfare-state* dans la stagflation ne peuvent plus servir d'absolution à l'égoïsme sacré. Penser que la cohabitation de huit milliards d'individus, sur une planète aux ressources limitées et théâtre d'un changement climatique important, peut résulter « naturellement » du jeu de la concurrence et de la volonté d'accumulation illimitée est tout simplement absurde.

La psychologie enseigne que les pathologies sont acceptées tant qu'elles procurent certains avantages auxquels guérir mettrait fin. Il en va de même pour les dysfonctionnements économiques que nous avons mis en évidence tout au long de cet ouvrage. Toute amélioration exige donc que les pouvoirs politiques cessent d'abdiquer devant la complexité et qu'ils s'attaquent à ces dysfonctionnements quoiqu'il en coûte aux forces dominantes. Trois sujets viennent immédiatement à l'esprit dans ce domaine.

Le premier concerne l'harmonisation fiscale et sociale. Comme le disent Patrick Artus ou Warren Buffet, baisser les impôts et baisser les charges a un sens tant que cela rétablit des conditions de concurrence normale et dynamise l'initiative. Mais cette volonté de réduction perd tout fondement rationnel lorsqu'elle devient une fin en soi et se transforme en une surenchère permanente (dumping fiscal) dont le seul résultat est de déplacer encore un peu plus le curseur de la répartition des richesses et appauvrir les classes moyennes.

Le deuxième sujet est relatif aux parités de change des pays dits à bas salaires, qui restent sous-évaluées, en dépit des excédents commerciaux qu'ils accumulent et qui feraient remonter ces parités si la loi du marché jouait vraiment. Le dilemme de Triffin, du nom de l'économiste belge qui l'a mis en évidence dans les années 1960, caractérise un système monétaire dans lequel le pays émetteur de la devise mondiale doit pour ce faire générer des déficits de balance des paiements qui devraient, à la longue, entamer la confiance dans cette devise. Depuis la crise de 1997-1998, le dilemme est devenu un cercle infernal, car les pays émergents ont été invités à accumuler des excédents qu'ils replacent dans la monnaie internationale, en l'occurrence le dollar (et accessoirement l'euro). Ils maintiennent ainsi les parités de change de leurs propres devises à des niveaux qui perpétuent des avantages compétitifs considérables.

Ainsi, depuis 1995 la valeur du dollar face aux devises des pays émergents[1] a-t-elle augmenté de 60 % tandis qu'elle reculait de 10 % face à celles des pays avancés. Le graphique ci-dessous représente la valeur de l'indice dollar calculé par la Reserve fédérale en pondérant les cours de change du dollar avec les devises des partenaires économiques des États-Unis par leur poids dans le commerce extérieur américain.

Fig. 34 – Dollar index (source : Réserve fédérale).

Corrigée des parités de pouvoir d'achat,, c'est à dire du différentiel d'inflation, cette évolution du change réel aboutit à une sous-évaluation de l'ordre de 40 % à 50 % pour des pays tels que le Chili, le Mexique, Taïwan ou, en Europe de l'est, la Hongrie, la République tchèque, la Slovaquie ou encore la Pologne.

Rétablir les conditions d'une concurrence loyale en mettant fin aux distorsions créées par les taux de change suppose de revoir à la fois une réorganisation du système monétaire international (le Yuan, les DTS) et une réorientation des économies émergentes vers la consommation

---

1   Mexique, Chine, Taiwan, Corée, Singapour, Hong Kong, Malaisie, Brésil, Thaïlande, Philippines, Indonésie, Inde, Israël, Arabie Saoudite, Russie, Argentine, Venezuela, Chili, Colombie.

interne qui réduirait considérablement les pressions déflationnistes sur le vieux monde. La profitabilité générée par la distribution, dans les pays avancés, des produits fabriqués par les pays « à bas salaires », s'en trouverait elle aussi radicalement amoindrie. Ce qui, en retour, accélérerait la mutation des économies de ces pays vers la consommation domestique.

Les hauts cris que déclenche toute évocation du protectionnisme contrastent bien curieusement avec l'immobilisme qui accompagne les deux points que nous venons d'évoquer, qui relèvent pourtant d'une conception gravement faussée de la concurrence.

Notre troisième sujet touche à l'immense hypocrisie de l'off-shore/on-shore et de ses connexions avec l'argent sale (les avoirs colossaux du crime organisé), hypocrisie à laquelle il serait urgent de mettre fin en commençant par l'Europe avec le Luxembourg, les Iles anglo-normandes, l'Irlande etc.

Au total, un véritable redémarrage d'une croissance mondiale saine et durable nécessiterait la mise en chantier de six programmes principaux.

1. Réorganiser le commerce mondial en mettant fin aux avantages concurrentiels issus de la manipulation des taux de change et aux distorsions trop flagrantes dans la protection sociale.

2. Rééquilibrer l'offre et la demande au niveau de l'économie globale, en activant la croissance de la demande dans les pays à fort excédent, notamment en favorisant la diminution de leur taux d'épargne grâce à l'instauration ou l'amélioration de la protection sociale (retraite, prévoyance). C'est le projet de sécurité sociale mondiale[2].

3. Rétablir un financement sain de l'économie en mettant fin à l'imbroglio de l'adossement actif/passif des investisseurs institutionnels (en durée et en risque) auquel a conduit l'ingénierie financière.

4. Déclarer une fois pour toutes hors-la-loi l'*off-shore* et les paradis fiscaux, en commençant par nettoyer chacun devant sa porte sans attendre un consensus inaccessible au motif du désavantage concurrentiel encouru par les pionniers. La mise au ban des pays et opérateurs pratiquant l'« *off-shore*[3] » pourrait

---

2   Hirsch Martin. 2011.
3   Selon un rapport de l'ONG Oxfam publié le 27 mars 2017 un quart des bénéfices des 20 plus grandes banques européennes se trouve dans des paradis fiscaux, soit 25 milliards d'euros, dont

être assez facilement réalisée par les instances nationales et supranationales de régulation bancaire si elles décidaient de sanctionner les établissements sous leur juridiction – et leur protection – qui sont contrepartie des entités off-shore et sans lesquelles ces dernières ne pourraient simplement pas travailler.

5. Requalifier le travail, que la théorie financière de l'entreprise et l'emprise du contrôle de gestion ont relégué au dernier rang des charges et des coûts, en ignorant que c'est le travail de tous qui fait la richesse de l'entreprise, quel que soit son secteur d'activité. Dans ce cadre, restaurer l'équilibre des contraintes entre les grandes firmes et les autres (indépendants, PME, TPE, salariés).

6. Organiser le recul des objectifs de RoE, d'une part en reconsidérant la fiscalité (par exemple appliquée aux superdividendes ou aux plus-values sur rachat d'actions) et d'autre part en réduisant les risques des systèmes de retraites basés exclusivement sur le principe de capitalisation qui ont fourni le carburant de la surenchère actionnariale.

De manière plus globale, et aussi plus complexe, la transition vers l'économie numérique qui se met en place à vitesse accélérée devrait, pour ne pas ajouter aux déséquilibres déjà présents, intégrer deux exigences éthiques : la solidarité planétaire, inter-régionale et transgénérationnelle ; la durabilité, c'est-à-dire la gestion prévisionnelle et raisonnable des ressources rares ainsi que la limitation des effets nocifs de l'activité économique sur le climat et la biodiversité.

Le chantier est immense et il n'a rien de consensuel. Il ne s'agit pas moins que de remettre en place les éléments de solidarité qui ont permis la grande période de prospérité des trente glorieuses. Mais à la différence de ces années fordistes, le monde occidental devra accepter une certaine frugalité, car la croissance ne bénéficiera plus de la contribution forcée et quasi gratuite du monde colonisé. Et il ne faudra pas oublier de contrôler cette fois le risque de dérives, budgétaires et inflationnistes qui ont favorisé le grand retour du libéralisme.

Le risque est grand que, faute d'accord global sur ces principes, l'économie mondiale restant fondamentalement non-coopérative soit

---

5,5 milliards pour les banques françaises. https://www.oxfamfrance.org/communique-presse/justice-fiscale/banques-en-exil-quart-des-benefices-des-banques-europeennes-dans

entrainée dans une phase de glaciation causée par la recherche sans fin de compétitivité-prix. Le dynamisme des pays à fort potentiel (démographie, instruction, productivité) sur lequel reposent beaucoup d'espoirs ne pourrait alors à lui seul éviter que la crise, que d'aucuns annoncent comme la plus grave jamais traversée, n'éclate vraiment.

POSTFACE

L'amélioration de la situation économique et financière, manifeste au début du printemps 2017, rend-elle caduc l'objet de ce livre ? Assurément non !

Oui, l'économie américaine semble s'être réinstallée sur un sentier de croissance nominale de 4 %, avec une inflation enfin revenue autour de 2 % et un taux de chômage sous les 5 %. Les promesses du Président Donald Trump en matière de dépense publique et de réduction de la pression fiscale, quoique largement contradictoires et probablement irréalisables, permettent aux plus optimistes d'annoncer le retour en force du Cycle après une décennie d'errance. Plus généralement, les années 2013-2016 semblent être de celles « où tout semble s'arranger » pour reprendre l'expression utilisée dans l'avertissement qui ouvre ce livre.

Ce sentiment est d'autant plus fort que les marchés boursiers, une fois passée la surprise, n'ont cessé de monter après l'élection présidentielle américaine, pulvérisant leurs records à Wall Street et retournant dans une dynamique haussière en Europe après l'intermède du Brexit.

Cette embellie permet à la Réserve fédérale d'échapper – au moins pour l'heure – au trilemme que nous avons mis en évidence dans notre quatrième partie et d'agir avec prudence et détermination pour se redonner des marges. La troisième hausse opérée en mars 2017 – de 0,50 % à 0,75 % – consacre la sortie du taux des *fed funds* du trou noir – en fait le rebond à partir du rebord à 0 % sur lequel ils s'étaient arrêtés.

La Banque du Japon et la BCE ayant au même moment opté pour la poursuite des politiques monétaires accommodantes, avec visiblement moins de conviction en Europe que du côté du soleil levant, le monde « développé » se trouve nettement divisé, à l'égard du « Trou noir », entre ceux qui y paraissent définitivement enlisés – le Japon –, ceux qui hésitent encore et toujours – l'Europe – et ceux qui ont entrepris d'en sortir à tout prix – les États-Unis.

Au-delà de ces choix politiques divergents, le résultat global est que le monde reste abreuvé de liquidités (la BCE continue à acheter pour

80 milliards d'euros d'obligations et a octroyé aux banques une dernière tranche de prêt à 4 ans à taux zéro pour quelques 230 milliards d'euros)! Rien de surprenant, dans ces conditions, à ce que les ratios de capitalisation boursière américains (cf. figures 28 et 29) s'approchent désormais des niveaux record – et insoutenables – du début de ce siècle.

En dépit de chiffres macro-économiques restant à peine passables, c'est alors, par une sorte de renversement de la charge de la preuve, la propagation de l'euphorie financière qui engendre le retour du suroptimisme économique. La performativité des pronostics émis par les financiers sur la « disparition des facteurs de risque » érige la sphère financière en monade, « force irréductible, qui contient en elle-même le principe et la source de toutes ses actions (…) à la fois porteuse d'un point de vue unique et original sur le monde et totalité close, impénétrable aux autres consciences[1] ».

Rien ne permet à ce stade d'affirmer avec certitude que le risque déflationniste est définitivement écarté et que la dynamique d'endettement chronique que nous nous sommes attachés à mettre en lumière dans cet ouvrage a été enrayée. Bien au contraire, chacun des éléments que nous avons identifiés comme cause première des désordres, loin de disparaître, n'a fait que se renforcer.

Au chapitre inégalités, tout d'abord. En 2015, deux chercheurs de l'université de Princeton, Anne Case and Angus Deaton[2], ont publié une étude intitulée « La hausse de la morbidité et de la mortalité des Américains blancs non hispaniques à mi-vie au XXIe siècle ». Cette étude révélait une baisse constante, entre 1999 et 2013, de l'espérance de vie des Américains blancs âgés de 45 à 54 ans, due notamment à l'alcool, la drogue et aux suicides et contrastant avec la hausse de celle des Américains d'autres catégories ethniques et avec le reste du monde développé. En 2017 les deux chercheurs publient une actualisation de leurs travaux[3] qui confirme les résultats précédents en les étendant à tous les groupes d'âges de blancs non hispaniques de 25 à 64 ans.

Increases in all-cause mortality continued unabated to 2015, with additional increases in drug overdoses, suicides, and alcoholic-related liver mortality, particularly among those with a high-school degree or less. Mortality is rising for those without, and

---

1   Selon la définition du philosophe allemand Husserl.
2   Prix « Nobel » 2015.
3   Case Anne, Deaton Angus (2017).

falling for those with, a college degree. This is true for non-Hispanic white men and women in all age groups from 25-29 through 60-64.

Many commentators have suggested that the poor mortality outcomes can be attributed to slowly growing, stagnant, and even declining incomes ; we evaluate this possibility, but find that it cannot provide a comprehensive explanation.

We propose a preliminary but plausible story in which cumulative disadvantage over life, in the labor market, in marriage and child outcomes, and in health, is triggered by progressively worsening labor market opportunities at the time of entry for whites with low levels of education. This account, which fits much of the data, has the profoundly negative implication that those in midlife now are likely to do much worse in old age than those currently older than 65.

« L'accroissement de la mortalité pour toutes causes s'est poursuivi en 2015, avec des augmentations supplémentaires des *overdoses* de drogues, des suicides et de la mortalité hépatique liée à l'alcool, en particulier chez ceux qui ont un diplôme d'études secondaires ou moins. La mortalité augmente pour ceux qui n'ont pas de diplôme universitaire, et diminue pour ceux qui en ont. Cela est vrai pour les hommes et les femmes blancs non hispaniques de toutes les tranches d'âges de 25-29 à 60-64 ans.

Beaucoup de commentateurs ont suggéré que ces mauvais résultats de mortalité pouvaient être attribués à la croissance lente, à la stagnation et même à la baisse des revenus. Nous évaluons cette possibilité, mais constatons qu'elle ne peut pas fournir une explication complète.

Nous proposons une histoire préliminaire mais plausible dans laquelle un désavantage cumulatif sur la vie, le marché du travail, le mariage et les résultats des enfants, et sur la santé, est déclenché par l'aggravation progressive des débouchés au moment de l'entrée sur le marché du travail pour les blancs avec un faible niveau d'éducation. Cette hypothèse, qui est cohérente en grande partie avec les données, a comme implication profondément négative que ceux qui sont aujourd'hui en milieu de la vie sont susceptibles d'avoir une vieillesse pire encore que ceux qui ont actuellement plus de 65 ans. »

Au sujet de la marginalisation des travailleurs sans qualification, Angus Deaton se déclare par ailleurs beaucoup plus inquiet de la robotisation à venir que de la mondialisation[4].

Dans cet ordre d'idée, on peut aussi relever que les sociétés du CAC40 ont vu leurs bénéfices augmenter de 33 % en 2016, pour un chiffre d'affaires global inchangé. La hausse des marges sur quoi repose cette amélioration, provient pour partie des subsides publics (CICE & cie) et pour partie de la compression de la masse salariale.

---

4   http://www.lenouveleconomiste.fr/financial-times/angus-deaton-prix-nobel-deconomie-la-mondialisation-ne-semble-pas-etre-le-fleau-annonce-33413/

On doit surtout signaler qu'en 2016, la fortune des 39 milliardaires que compte la France a augmenté de 21 % (soit quelques 40 milliards). Selon Forbes, ce taux de progression serait, au niveau mondial, de 18 %. Soit un enrichissement de 1 180 milliards de dollars, équivalent au PIB de l'Espagne ou de l'Australie, concernant en tout et pour tout 2 000 personnes !

Au chapitre endettement global, le FMI, dans son rapport de fin 2016[5] s'alarmait d'une dette mondiale dépassant 220 % du PIB avec une contribution très forte des pays émergents – dont la Chine – à la hausse de ce ratio sur la période 2008-2015. Et dans l'Amérique qui semble aller si bien, les prêts aux étudiants, qui dépassent 1 400 MD USD (soit 4 000 USD par habitant), connaissent une accélération des défauts de paiement qui pourraient en faire rapidement les nouveaux subprimes.

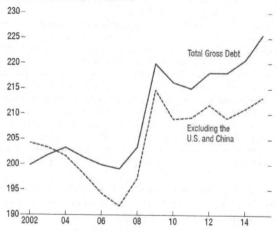

Figure 1.1. Global Gross Debt
(Percent of GDP; weighted average)
230
225
220
215
210
205
200
195
190
2002
04
06
08
10
12
14
Total Gross Debt
Excluding the
U.S. and China
Sources: Abbas and others 2010; Bank for International Settlements; Dealogic; IMF, International Financial Statistics; IMF, Standardized Reporting Forms; IMF, World Economic Outlook; Organisation for Economic Co-operation and Development; and IMF staff estimates.

FIG. 35 – La ré-accélération de l'endettement global (source : OCDE FMI).

5 https://www.imf.org/external/pubs/ft/fm/2016/02/pdf/fm1602.pdf

Last but not least, les projets de dérégulation affichés par Donald Trump pourraient parachever la reconquête par la sphère financière d'une liberté qui n'aura été finalement que fort peu bridée après la grande crise de 2008.

Mais dans un monde qui paraît devenir inexorablement plus dangereux, toute cette assurance reconquise pourrait s'avérer un redoutable trompe-l'œil et précipiter la rechute dans le trou noir.

Mars 2017

ANNEXE

Les banquiers centraux et le lobbying mondial

	CFR	Bilderberg	Trilatérale	G30
Banquiers centraux En activité				Fisher Carney Draghi Sirakawa
Retraités	Blinder	Trichet Duisenberg	Trichet Volcker	Trichet King Weber Ortiz- Martinez Hildebrand Frankel[iii]
Financiers publics (actifs ou retraités)	Rubin Geithner	Summers Scheel Prodi Barroso Brady Wolfensohn Wolfowitz	Monti	Caruana Feldstein Rogoff Summers
Financiers privés	Paulson Fink Hill Rubenstein[i]	Rockfeller Rotschild De Castries Ackeler Jacobs, Zoellick[ii]	Rockfeller Lemierre[iv]	

i.   Dirigeants des fonds d'Investissement Paulson, Blackrock, Blackstone, Carlisle.
ii. Les quatre derniers respectivement dirigeants d'Axa, Deutsche Bank, Lazard Goldman Sachs.
iii. Ancien gouverneur de la banque d'Israël et Président de JP Morgan.
iv. Ex directeur du Trésor et ex Président de la BERD et actuel Président de BNPParibas.

GLOSSAIRE

Asset Management : Gestion d'actif financier pour compte de tiers

Bail out : Renflouement d'une société en faillite

Bear market : Marché baissier (contr. *Bull market*)

Bond vigilantes : *Lit.* Surveillants du marché obligataire

Bp : *basis point* centièmes de taux d'intérêt

BTAN : Bon du Trésor à Moyen terme (2-5 ans)

Exit strategy : Stratégie de sortie (de la politique des taux zéro)

Fair value : Valeur juste

Global imbalances : Déséquilibres macroéconomiques globaux (déficits public, du commerce extérieur, des paiements courants, d'épargne etc.

Globish : Anglais approximatif faisant office de langue mondiale

Great moderation : Période de croissance régulière sans inflation (2002-2007)

Grexit : Sortie de la Grèce hors de la zone euro

Guidelines : Indications sur les directions futures

Haircut : Annulation d'une fraction de la dette

Hedge fund : Fonds spéculatif

Homo economicus : Agent économique unique utilisé dans la représentation classique de l'économie, qui suppose que l'être humain n'est motivé que par des choix économiques optimisant sa prospérité. L'homo economicus incarne l'individualisme méthodologique et le réductionnisme de la pensée néo-classique.

Investment bank : Banque d'investissement (par opposition à banque de dépôt et de crédit)

Leverage : Levier financier, consistant à augmenter ses gains grâce à la mise en œuvre de capitaux empruntés.

Mainstream : Courant de pensée dominant

Margin Call : Appel de marge opéré dans les opérations financières à crédit, lorsque la valorisation fait apparaitre des pertes

Market driven : Dirigé par le marché

Multiplicateur : Dans la théorie un multiplicateur est un coefficient qui relie deux variables, sous l'hypothèse de causalité de la première vers la deuxième. Le multiplicateur budgétaire relie la variation du solde du budget de l'État à celle du PIB. Le multiplicateur monétaire relie la variation de monnaie de banque centrale à la variation de la masse monétaire globale

Market friendly : Approche pro-marché

OAT : Obligation assimilable du Trésor emprunt obligataire du trésor français (10-50 ans)

Obligations corporate : Obligation émise par une entreprise privée

Off-shore : lit. Loin des côtes. Non soumis aux règlements et contraintes territoriales (notamment en matière de surveillance bancaire)

Option : Contrat permettant de réaliser un achat (*call*) ou une vente (*put*) de titre à une date donnée et à un prix fixé, moyennant le paiement d'une prime.

Produit dérivé : Contrat, de gré à gré ou sur marché organisé, insitutuant entre les parties des obligations liées à un actif financier sans que celui-ci ait été échangé. On dit que les flux générés par un produit dérivé portent sur un montant « notionnel » (*i.e.* virtuel) d'actif.

Program trading : Opérations sur les marchés financiers réalisées par des programmes informatiques

Q de Tobin : Rapport entre la capitalisation boursières et le coût de remplacement du capital productif

Roaring twenties : lit. 20e rugissantes. Désigne la période d'euphorie des années 1920.

Roll over : Renouvellement indéfini des opérations financières (par ex emprunts à CT renouvelés tous les trois mois)

Rule of law : État de droit/règle de droit

Saving glut : Surabondance d'épargne

Shadow Banking : lit. Système bancaire de l'ombre. Ensemble d'opérations bancaires échappant au système contrôlé par la Banque centrale.

Stagflation : *Régime de croissance faible ou nulle (stagnation) acompagné d'une forte inflation*

Steering commitee : Comité de pilotage

Swap : Opération financière consistant à échanger des engagements de service financier sur un support virtuel (*i.e.* sans transaction sur un support réel)

Testimony : Déposition devant une instance démocratique

Treasuries : Emprunts du Trésor américain

Track record : lit. Antécédents. Historique des performances

Volatilité : Mesure statistique de la dispersion des rendements périodiques, donc de l'instabilité des marchés. Mathématiquement : écart-type de la distribution des rendements, annualisé

Write-off : Effacement d'une position comptable

Zero-bound interest rate : Limite zéro des taux d'intérêt

BIBLIOGRAPHIE

Aglietta Michel, Rebérioux Antoine, 2004, *Les dérives du capitalisme financier*. Albin Michel. Paris.

Aglietta Michel, Ould-Ahmed Pepita, Ponsot Jean François, 2016, *La monnaie entre dettes et souveraineté*. Odile Jacob. Paris.

Albert Michel, 1991, « *Capitalisme contre capitalisme* ». Le Seuil. Paris.

Allais Maurice, 1964, « Léon Walras, pionnier de l'économie mathématique et réformateur méconnu. » http://www.annales.org/archives/x/walras.html.

Arendt Hannah, 1951, *Les origines du Totalitarisme*. Trad. française 1982. Le Seuil Paris

Audier Serge, 2012, *Néolibéralisme(s) Une archéologie intellectuelle*. Grasset. Paris.

Avouyi-Dovi Sanvi, Matheron Julinhe, Fève Patrick, 2007, « Les modèles DSGE Leur intérêt pour les Banques centrales ». Bulletin de la Banque de France • N° 161 • Mai 2007

Bagehot Walter, 1873, *Lombard Street. A description of the money market*. Trad. française : 2009. Petite Bibliothèque Payot.

Banque des Réglements Internationaux. Rapport annuel 2015 www.bis.org/publ/arpdf/ar2015_fr.pdf.

Bastiat Fréderic, 1850, *Les Harmonies économiques*. http://bastiat.org/fr/echange.html.

Basu Kaushik, 2017, « *Au-delà du marché. Vers une nouvelle pensée économique* » trad. française Les éditions de l'Atelier Ivry.

Blanchard Olivier, Leigh Daniel, 2013, Growth Forecast Errors and Fiscal Multipliers http://www.imf.org/external/pubs/ft/wp/2013/wp1301.pdf.

Blinder Alan, & Alii, 2013, "Exit Strategy". Geneva Interntional Center for Monetary and Banking Studies.

Buiter William, 2008, "Central banks and financial crises" http://www.lse.ac.uk/fmg/workingPapers/discussionPapers/fmgdps/dp619.pdf.

Buttiglione Luigi, & Alii, 2014, "Deleveraging ? what Deleveraging ?". Geneva International Center for Monetary and Banking Studies. http://www.cepr.org/sites/default/files/news/Geneva16_0.pdf.

Cahuc Pierre, Zylberberg André, 2016, *Le négationnisme économique et comment s'en débarrasser*, Flammarion. Paris.

Case Anne, Deaton Angus, 2017, Mortality and morbidity in the 21st century. https://www.brookings.edu/wp-content/uploads/2017/03/6_casedeaton.pdf.

Chandor JC, 2012, Margin call.

Cordonnier Laurent, & Alii, 2013, « Le coût du capital et son surcoût ». Université de Lille 1. Clersé.

De Larosière Jacques, 2016, *Cinquante ans de crises financières*, Odile Jacob Paris.

Dupuy Jean-Pierre, 1992, *Le sacrifice et l'envie. Le libéralisme aux prises avec la justice sociale*. Calmann-Levy. Paris.

Faust Jon, M. Leeper Eric, 2015, "The myth of normal : the bumpy story of inflation and monetary policy" https://www.kansascityfed.org/~/media/files/publicat/sympos/2015/econsymposium-faust-leeper-paper.pdf?la=en.

Ferguson Charles H, 2010, Inside Job.

Fisher Irving, 1936, "The Debt-deflation Theory of great Depression". Econometrica p 337-357.

Friedman Milton, 1953, "Essay in Positive Economics". University of Chicago.

Gama Michael, 2007, *Rencontres au sommet. Quand les hommes de pouvoir se réunissent* Éditions l'Altiplano. http://www.laltiplano.fr/rencontres-au-sommet.pdf.

Geithner Thimoty, 2014, *Stress test Reflections on Financial Crises* Broadway Books New York

Giraud Gaël, 2012, *L'illusion financière* Les Éditions de l'Atelier. Ivry.

Giraud Gaël, Renouard Cécile, 2012, *Le facteur 12. Pourquoi il faut plafonner les revenus*, Carnets Nord-Montparnasse éditions, Paris.

Gordon Robert, 2012, "Is US Growth over ?" NBER Working Paper No. 18315.

Graeber David, 2011, *Dette : 5000 ans d'histoire*. Les Liens qui libèrent. Paris.

Greenspan Alan, 1966, "Gold and Economic Freedom". Publié in Ayn Rand's « Objectivist » newsletter en 1966 et repris dans son livre *Capitalism : The Unknown Ideal*. 1967. New American Library.

Greenspan Alan, Kennedy James, (2007) "Sources and Uses of Equity Extracted from Homes" Finance and Economics Discussion https://www.federalreserve.gov/PUBS/FEDS/2007/200720/200720pap.pdf.

Halimi Serge, 2005, *Les nouveaux chiens de garde*. Raisons d'agir. Paris. Porté à l'écran par Gilles Balbastre et Yannick Kergoat.

Hannoun Hervé, Dittus Peter, 2017, *Revolution required. The ticking bomb of the G7 model*. https://papers.ssrn.com/sol3/papers.cfm?abstract_id=3060168

Hayek Friedrich, 1944, *La route de la servitude*. Trad. française PUF Paris 2013.

Hirsch Martin, 2011, *Sécu : objectif monde. Le défi universel de la protection sociale*. Stock. Paris.

Kapur Ajay, 2005, Citigroup Equity Strategy. http://delong.typepad.com/plutonomy-1.pdf.

Keen Steve, 2014, *L'imposture économique*. Trad. française. Les Éditions de l'Atelier. Ivry.

Kindelberger Charles, Aliber R, 2005, *Mania panic and crashes*. 5th edition. Macmillan.

Landau Jean Pierre, 2013, « Global Liquidity : Public and Private" http://www.kansascityfed.org/publicat/sympos/2013/2013Landau.pdf.

Lietaer Beranrd, 2013, *"Au cœur de la monnaie : Systèmes monétaires, inconscient collectif, archétypes et tabous »*. Yves Michel. Gap.

Lordon Fréderic, 2011, *D'un retournement l'autre*. Seuil 2011. Paris.

Lordon Fréderic, 2014, *La malfaçon*. Les Liens qui libèrent. Paris.

Mc Kinsey Global Institute, 2018, "A decade after the global financial crisis- What has and hasn't changed". https://www.mckinsey.com/~/media/McKinsey/Industries/Financial%20Services/Our%20Insights/A%20decade%20after%20the%20global%20financial%20crisis%20What%20has%20and%20hasnt%20changed/MGI-Briefing-A-decade-after-the-global-financial-crisis-What-has-and-hasnt-changed.ashx

Minsky Hyman, 1986, *Stabilizing an unstable Economy*. MC Graw Hill. New york.

Mishkin, Frederic, 2007, Monetary Policy Strategy. the MIT Press. Cambridge.

Mullins Eustace, 2010, *Les secrets de la Réserve Fédérale*. Trad. française. Le retour aux sources.

Ninet Jacques, 2004, « Les déterminants récurrents de la formation des bulles financières ». Économie appliquée Vol 57 N° 2.

Ninet Jacques, 2017, « Surendettement, taux zéro et euphorie boursière ». Entreprise et Société 2017-1.

Nora Dominique, 1989, *Les possédés de Wall Street*. Folio. Paris.

Palma José Gabriel, 2009, "The revenge of the market on the rentiers". Cambridge Journal of Economics. Vol 33, Issue 4.

Piketty Thomas, 2013, *Le capital au XXIe siècle*. Seuil. Paris.

Quiggin John, 2010, *Zombie Economics*. Princeton University Press.

Reinhart Carmen, Reinhart Vincent, 2015, "After the Fall" NBER Working Paper No. 16334.

Reinhart Carmen., Rogoff Kenneth. 2009. *This time is different*. Princeton University Press. Traduction française : *« Cette fois c'est différent »*. Pearson 2010.

Rockefeller David, 2002, *Memoirs*, Random House ; 1st Trade Ed edition

Roepke Wihlem, 1939, *La crise de notre temps*. Trad française. 1962. Petite bibliothèque Payot. Paris.

Sapir Jacques, 2000, *Les trous noirs de la science économique : Essai sur l'impossibilité de penser le temps et l'argent*. Albin Michel. Paris.

Schauf Thomas, 1991, "The_Federal_Reserve_is_Privately_Owned" https://archive.org/stream/SchaufThomasTheFederalReserveIsPrivatelyOwned_

201605/Schauf_Thomas_-_The_Federal_Reserve_is_Privately_Owned_ djvu.txt.

Simmel Georg, 1900, *Philosophie des Geldes* (*La philosophie de l'argent*). Trad. française 1987 PUF. Paris.

Stiglitz Joseph, 2003, *The roaring nineties*. Trad. française. Quand le capitalisme perd la tête. Fayard. Paris.

Stiglitz Joseph, 2012, *The Price of inequality*. Trad française. Les Liens qui libèrent. Paris.

Suppiot Alain, 2015, *La gouvernance par les nombres*. Fayard. Paris.

Summers Lawrence, 2014, «US Economics Prospects : Secular Stagnation, Hysteresis And The Zero Lower Bound». Business Economics Vol 49 N° 2 p 65-73.

Sutton Antony, 2009, *Le complot de la Réserve Fédérale*. Trad. française. Édition Nouvelles Terres.

Théret Bernard, 2014, « Philosophies politiques de la monnaie : une comparaison de Hobbes, Locke et Fichte ». Oeconomia N° 4-4 2014.

Walter Christain, Pracontal Michel, 2009, *Le virus B. Crise financière et mathématiques.* Seuil. Paris.

Weinstein Olivier, 2010, *Pouvoir, finance et connaissance, les transformations de l'entreprise capitaliste entre le XXe et XXIe siècle.* Éditions la Découverte. Paris.

INDEX DES NOMS

INDEX DES ÉVÉNEMENTS

INDEX DES MOTS

TABLE DES FIGURES

TABLE DES MATIÈRES

PREMIÈRE PARTIE

LE CAPITALISME FINANCIER,
DE LA RÉVOLUTION NÉO-LIBÉRALE
À LA CRISE MULTIFORME DU XXIᵉ SIÈCLE

TROISIÈME PARTIE

ENTRE LES MAINS
DES BANQUES CENTRALES